国家社科基金教育学青年课题"风险社会的道德教育"
（CEA140167）研究成果

风险社会的
道德教育

章 乐/著

MORAL EDUCATION OF
RISK SOCIETY

人民出版社

目　　录

前　　言

一、本书的理论与实践意义

"风险社会"的概念由德国学者乌尔里希·贝克（Ulrich Beck）提出，他试图以此概念来揭示现代社会进入了一个崭新的阶段，他说："现代性正从古典工业社会的轮廓中脱颖而出，正在形成一种崭新的形式——（工业的）'风险社会'。"① 如果说古典工业社会是现代社会的初级阶段，那么风险社会就是现代社会的高级阶段。"风险社会"的概念虽然产生于西方，但是随着全球化的进程以及我国的现代化发展，风险对我们而言也不再陌生。所以"风险社会"这个概念也能较好地揭示我们当前的社会现实以及人们的社会心态。比如，人们对扶起摔倒的陌生老人心存顾虑是因为这个助人的行为充满风险；"毒奶粉"等食品安全事件的发生，让食品安全问题一再进入人们的视野，现代人越来越感觉我们生活的环境充满风险；福岛的一次核泄漏事件，就让国人产生了极度的核恐慌，甚至还由此引发了"盐慌"。因此，新加坡学者郑永年、黄彦杰指出，"短短 20 年间，中国已然从一个对风险没有概念的社会，变成现在这样一个很多人存有危机四伏感觉的风险社会"②。我国学者夏玉珍、吴娅丹也指出："在全球化加速推进的今天，中国社会同样处于世界风险社会的景况难以避免，

---

① ［德］乌尔里希·贝克：《风险社会》，何博闻译，译林出版社 2004 年版，第 2 页。
② 郑永年、黄彦杰：《风险时代的中国社会》，《文化纵横》2012 年第 5 期。

但与此同时，还面临着许多工业化国家已经基本得到遏制的传统风险，更经受着社会加速转型带来的严峻风险考验。"①

外部世界中风险因素的增多已经让现代人内心充满了恐惧，而现代人还失去了种种传统的社会支持系统。比如，随着人们从稳固的农村社会关系和单位社会关系中"脱域"出来变成独立的个体之时，虽然获得了前所未有的自由，但是也失去了传统关系提供的安全感，每个人都必须独自面对各种风险的挑战；随着家庭观念的转换，近些年来离婚率不断上升，人们越来越感觉到似乎家庭也不再是可以依靠的稳定、安全的港湾，家庭内部也存在风险。另外，由于人们从传统社会关系中"脱域"出来之后，还必须通过个人的奋斗来重新获得身份地位及其伴随的确定感，所以，人们还要承受前所未有的竞争压力。2011年10月21日，《人民日报》海外版就指出，中国现在已经进入了"全民焦虑时代"，现在的中国人不仅要担心住房问题和就业问题，还要担心子女的教育和未来。

伴随着风险社会的来临，人们的内心常常被恐惧和焦虑所笼罩。在这种恐惧和焦虑的社会心态下，在风险社会中也会出现种种道德危机，道德教育乃至整个教育都将面临巨大的挑战。此时，道德教育乃至整个教育应该做出怎样的调整，是我们亟须思考的理论问题和现实问题。因此，本书具有重要的价值。从理论价值上看，它有利于人们更好地把握现代人的精神状况；有利于人们更好地理解当前社会中的道德危机；有利于道德教育理论富有时代性，并由此丰富道德教育的基本理论。从应用价值上看，它有利于有针对性地开展学校道德教育；有利于当前教育主管部门科学地制定相关的道德教育政策。

二、本书的结构与主要内容

本书除前言外，共四章。第一章为"风险社会的道德困境与道德教育"。第一节总体性地揭示了风险社会道德困境的三个方面，并给出了总

---

① 夏玉珍、吴娅丹：《中国正进入风险社会时代》，《甘肃社会科学》2007年第1期。

体性的道德教育应对思路。第二、三、四节分别从个体化的进程、科学技术的失控发展以及现代伦理的式微等维度揭示了风险社会所面临的伦理道德困境，并相应地提出道德教育的对策。

由于恐惧和焦虑是风险社会中人们最显著的社会心态，因此，第二章"恐惧与焦虑的社会心态与道德教育"聚焦于风险社会中恐惧与焦虑的社会心态进行专门的研究。前两节从应然的角度厘清教育与恐惧的关系，后两节则从应然的思考转向了实然的分析，即转向风险社会中的恐惧和焦虑心态，以及教育该如何应对这种社会心态。

在风险社会中，由于人们被恐惧和焦虑的社会心态所笼罩，亟须通过某种确定性的寻求来摆脱这种难以忍受的情绪状态，如果说在成人的社会中这种确定性的寻求集中表现为对金钱的追逐，那么在教育"场域"中则表现为对分数的崇拜，而分数崇拜的直接后果就是教育中的病态竞争，因此，第三章"风险社会中的病态竞争与教育应对"聚焦于风险社会下教育"场域"中的病态竞争问题。前两节分别从"分数崇拜"和"病态竞争"两个维度揭示了风险社会对教育的影响，后两节则从教育与生存的关系、教育的"行动"化转型两个方面探索了风险社会的教育对策。

风险社会作为一种社会现实，它对儿童的影响不像对成人那么直接，这种影响更多的是作用于学校生活，并通过学校生活再影响儿童的。因此，第四章"风险社会中学校生活的道德审视"则将研究视角从宏观转向微观，分别从儿童的"自然缺失症"、儿童的秘密、"公共人"培育的困境，以及"校园是我家，文明靠大家"的德育逻辑与超越这四个方面思考了在风险社会中学校生活发生了何种变化，这种变化引发了怎样的道德后果，以及道德教育该如何应对。

第一章　风险社会的道德困境与道德教育

风险社会是一个"孤独的个体"普遍化的社会，是一个"人造风险"占据主导地位的社会，也是一个被"恐惧文化"影响的社会，它的形成与社会中的"个体化"进程、现代科技的失控发展以及"恐惧文化"的影响有关。在风险社会中，出现了不少伦理道德的新困境，比如道德与价值共识的困境、传统科技伦理失效的困境、道德冷漠蔓延的困境等。针对这些新困境，学校教育不能袖手旁观，我们需要开展相互承认的教育以应对道德与价值共识的困境，开展责任伦理的教育以应对传统科技伦理失效的困境，并把风险社会中道德教育的根基定位在"伦理"与"道德"之间，以此抑制道德冷漠蔓延的困境。

第一节　风险社会的道德困境与学校教育应对

在风险社会中，道德与价值共识的困境、传统科技伦理失效的困境、道德冷漠蔓延的困境等是其伦理道德的新困境。面对这些道德困境，学校教育应该开展责任伦理的教育；提升学生的道德判断力和对话能力；培养学生道德敏感性和社会行动能力。

一、风险社会及其特征

"风险社会"的概念最早由德国学者乌尔里希·贝克提出，他试图以此概念来揭示现代性进入了一个崭新的阶段。如果说古典工业社会是现代性的初级阶段，那么风险社会就是现代性的高级阶段。贝克曾说："现代性正从古典工业社会的轮廓中脱颖而出，正在形成一种崭新的形式——（工业的）'风险社会'。……我们正在见证的不是现代性的终结，而是现代性的开端——这是一种超越了古典工业设计的现代性。"① 那么"风险社会"有怎样的特征呢？贝克描绘了风险社会的多维特征，概而言之，风险社会是一个"人造风险"占据主导地位的社会，是一个"孤独的个体"普遍化的社会，是一个被"恐惧文化"影响的社会。

（一）"人造风险"占据主导地位

任何社会都有一定风险，但是风险社会中的风险有其特殊性，集中表现为"人造风险"替代了"自然风险"，成为社会中占据主导地位的风险。对此，安东尼·吉登斯（Anthony Giddens）曾有一个极为恰当的表述：风险是"制造出来"的。风险社会中的"人造风险"主要来源于现代科技。现代科技赋予了人类前所未有的力量，借助这种力量，人类的决策和行为对自然与人类自身的影响力不断地增强，风险也相应地来源于现代科技带来的不确定性和未来的可能性，及其对人类的生存安全、心理健康、组织制度和意识形态等层面所造成的意想不到的全方位的损害，比如核技术、基因技术等现代科技对人类生存环境与安全所造成的灾难性后果和严重威胁等②。如果说现代科技是帮助人类改造自然和人类自身、让其更为可控的现代文明力量，那么伴随着现代科技带来的大量"人造风险"，人们开始感到"这个世界并没有越来越受到我们的控制，而似乎是不受我们的控制，成为一个'失控的世界'"③。所以贝克说，生活在风

---

① ［德］乌尔里希·贝克：《风险社会》，何博闻译，译林出版社2004年版，第2—3页。

② 林丹：《乌尔里希·贝克风险社会理论及其对中国的影响》，人民出版社2013年版，第50页。

③ ［英］安东尼·吉登斯：《失控的世界》，周红云译，江西人民出版社2001年版，第3页。

险社会中好比"生活在文明的火山上"①。

由于现代科技带来的"人造风险"占据了主导地位，在风险社会中，风险分配逻辑也逐渐取代了财富分配逻辑，占据了主导地位。这是因为"贫困是等级制的，化学烟雾是民主的"②。如果说以往社会中风险影响的范围和威力还是较小的，那么由于风险社会中的"人造风险"影响范围和威力的激增，使得任何阶级、贫富差距在其面前都失去了绝对意义，比如核爆炸的风险。当然，这并不否认在风险社会中依然存在着由于贫富差距导致的应对风险能力的强弱。

（二）"孤独的个体"的诞生

风险社会的第二个特征是"孤独的个体"的诞生。如果说风险社会是现代社会的高级阶段，那么现代社会中的"解放"进程在风险社会中必将进一步加剧。贝克就曾指出，风险社会的来临伴随着"个体化"进程。在风险社会中，个体逐渐"从历史地规定的、在统治和支持的传统语境意义上的社会形式与义务中脱离"③——这些约束包括整体的文化传统和其中包含的一些特殊范畴，例如家庭、血缘关系和阶级地位——最终变成一个自由却孤独的个体。比如，我国城市居民的身份已经从"单位人"变成了"社会人"，如果说单位曾经为个人提供了生存资源，也提供了福利供给，如教育、医疗、住房等民生问题都由单位来解决，那么，随着改革开放尤其是社会主义市场经济体制的确立，大多数"单位人"已经成为"社会人"，他们必须自谋出路④。

在风险社会中，"解放"的剥夺所制造的"孤独的个体"还必须独自面对风险。虽然"孤独的个体"获得了前所未有的自由，但是由于失去了传统关系提供的安全感，他们每个人都必须独自面对各种风险的挑战。

---

① ［德］乌尔里希·贝克：《风险社会》，何博闻译，译林出版社 2004 年版，第 13 页。
② ［德］乌尔里希·贝克：《风险社会》，何博闻译，译林出版社 2004 年版，第 38 页。
③ ［德］乌尔里希·贝克：《风险社会》，何博闻译，译林出版社 2004 年版，第 156 页。
④ 郑富兴：《个体化社会的道德教育问题》，《华东师范大学学报》（教育科学版）2011 年第 4 期。

比如，随着家庭观念的转换，近些年来离婚率不断上升，人们越来越感觉到似乎家庭也不再是可以依靠的稳定、安全的港湾，家庭内部也充满了风险。

（三）"恐惧文化"的形成

风险社会的第三个特征是"恐惧文化"的形成。如果说"人造风险"占据主导地位，"孤独的个体"的诞生都是风险社会来临的外部景观，那么风险社会来临的内部景观又是怎样的呢？在风险社会中，人们内心常常体验到恐惧和焦虑。这种恐惧和焦虑主要来源于三个方面：其一，不安全感。这是由于在风险社会中人们经常感受到身体及周遭事物会遭到各种风险的侵袭。其二，不可靠感。这是由于在风险社会中人们所做出的种种努力并不一定会得到肯定，在风险社会中并未完全形成恰当的标准和有效行事的习惯，获得某些技能也不一定能够适应这个变化无常的世界。其三，不确定感。这是由于在风险社会中，善与恶的界限以及引导我们做出正确判断的依据和共识都已经变得模糊不堪①。

当人们的内心被恐惧和焦虑所笼罩时，社会中就会形成一种"恐惧文化"。弗兰克·富里迪（Frank Furedi）认为，"这种文化决定性的特征是，它认为人类面临着威胁到我们日常生活的强大破坏力。过去用以划定现实与科幻的界限已变得越来越模糊"②。尽管个人实际上比以往任何时候都要安全，但是依然感觉到处充满了危险。

二、风险社会的道德困境

道德是人类的永恒追求，但是在任何社会中都会存在种种道德困境，风险社会也不例外，那么在风险社会中有哪些道德困境呢？

（一）以往科技伦理的失效

风险社会的形成与现代科技的失控发展带来的"人造风险"有着密

---

① ［英］齐格蒙·鲍曼：《寻找政治》，洪涛等译，上海人民出版社2006年版，第9页。
② ［英］弗兰克·富里迪：《恐惧》，方军等译，江苏人民出版社2004年版，"前言"第1页。

切的关系。现代科技的失控发展已经使得过去的科技伦理丧失了效力，这构成了风险社会的第一个道德困境。如果人类不能解决现代科技失控发展的问题，"人造风险"将永远成为悬在人类头上的"达摩克利斯之剑"。现代科技赋予了人类前所未有的力量，但是它也使人类行为的性质发生了巨大的变化。既然伦理与人类的行为有关，那么人类行为性质的改变就要求伦理的改变。过去的伦理一般都蕴含着一个相互关联的共同前提，即由人的本性和物的本性所决定的人的处境是一劳永逸地被给定的；在此基础上的人类的善，也被水到渠成地决定了；人类的活动范围以及由此而产生的责任也被狭窄地圈定了①。随着现代科技导致人类行为性质发生的巨变，过去的伦理存在的共同前提发生了改变，这要求人们建构一种全新的伦理，而这在过去的伦理中是从未料想的。

随着人类力量的激增，人与自然的关系发生了改变，它要求人类对自然承担一种全新的责任。因为，在现代科技诞生之前，人纵然足智多谋，但在自然力量面前还是渺小的。恰恰是这一点使他对自然的进攻如此胆大妄为，也使得自然能够包容他的鲁莽。之所以如此，乃是因为在此之前，人对自然的入侵在本质上是肤浅无力的，还不能摧毁大自然固有的平衡②。然而，现代科技赋予人类如此巨大的改变自然的力量，导致了自然的脆弱性，以致过去的科技伦理失去了应有的效力。

（二）道德与价值共识的困境

在风险社会中，虽然"解放"和"祛魅"的"个体化"进程让"孤独的个体"获得了前所未有的自由，但是这也使得传统的共同体解构了，让"孤独的个体"失去了传统的共同体所赋予的社会身份。如果说社会身份的丧失意味着自我社会规定性的丧失，意味着人类传统道德根基的丧失，那么其结果必然是传统道德的解体以及价值共识困境的产生。A. 麦

---

① Hans Jonas, *The Imperative of Responsibility-In Search of an Ethics for the Technological Age*, Chicago & London: The University of Chicago Press, 1985, p. 1.

② Hans Jonas, *The Imperative of Responsibility-In Search of an Ethics for the Technological Age*, Chicago & London: The University of Chicago Press, 1985, p. 3.

金太尔（Alasdair Macintyre）就曾指出，道德与价值共识存在的关键在于共同体的存在。当今社会中的道德与价值共识困境的实质是道德权威的危机，即人们无从找到这种合理的权威，而它产生的现代根源在于：道德行为者虽然从传统道德的外在权威（等级、身份等）中解放出来了，但是这种解放的代价是新的自律行为者所表述的任何道德言辞都失去了全部权威性内容。结果客观的、非个人的道德标准丧失了，道德判断的标准只能出于自己，对任何事物都可以从自我所采取的任何观点出发，每个人都可以自由选择他想成为的人以及他所喜欢的生活方式①。在风险社会中，伴随着"孤独的个体"的普遍化，道德和价值共识的困境必将越来越突出。面对此困境，一方面，当人们发生道德争论时，常常是谁也说服不了谁，没有任何可以使对方信服的理由，因为争论的各方都站在与对方无法沟通的理论立场上；另一方面，某人之所以采取这种立场，并不是因为有某种令人信服的理由，而仅仅是某种非理性的决定使然。这种道德上的情感主义取向对人们的道德产生了巨大的影响，人们变得常常不再相信道德，道德教育也因此在某种意义上失去了存在的依据。

（三）道德冷漠的蔓延

"道德冷漠"（moral indifference）是指对道德的冷淡与不关心。这种冷淡与不关心既可能是一种主动的责任推拒，也可能是一种无意识的道德麻木，即在面对道德问题时没有反应，意识不到道德问题的存在，体会不到道德的召唤②。在风险社会中，生活在陌生人世界中的人们强烈地感受到无法预知陌生人是否存在威胁，结果他们常常把陌生人等同于危险的人，并表现出一种冷漠的态度，甚至是在别人处于急需帮助的情境下。

为什么在风险社会中，人们常常会把陌生人等同于危险的人呢？这是由于风险社会中"恐惧文化"的消极影响。"恐惧文化"是一种信任缺席的文化，它会严重影响人们之间的相互关系。一般来说，恐惧者会保持与

---

①　[美] A. 麦金太尔：《德性之后》，龚群等译，中国社会科学出版社 1995 年版，"译者前言"第 2—11 页。

②　高德胜：《道德冷漠与道德教育》，《教育学报》2009 年第 3 期。

恐惧对象之间的最大距离，因此，"恐惧文化"会降低社会的信任度。拉斯·史文德森（Lars Svendsen）指出，"恐惧能吞噬信任，而一旦信任退守，恐惧的疆界将会更广阔。恐惧感的增加与信任度的降低，二者之间互为因果"①。虽然陌生人之间的交往存在着某种不确定性，但这种不确定性并不意味着危险。然而，在"恐惧文化"的作用下，人们总是倾向于放大危险，并从危险的角度考虑问题，既然他人意味着危险，那么人们就会远离他人、不信任他人。所以说，在"恐惧文化"影响下，信任会逐步瓦解，风险社会中"已经逐步形成这样一种风气，渐渐从有无危险的角度来看待人们之间的关系，尤其是那些亲昵的关系"②。贝克更是一针见血地指出，"在风险文化里，没有好人，也没有坏人，只有一些危险分子"③。如果说"恐惧文化"让人们丧失了信任，并把他人视为危险分子，那么在风险社会中就必然会出现道德冷漠的蔓延。

三、道德困境的学校教育应对

面对风险社会中出现的种种道德困境，学校教育虽然不是应对它的唯一路径，但是作为培养未来人的重要机构，学校教育也有不可推卸的责任，那么学校教育该如何应对这些道德困境呢？

（一）开展责任伦理的教育

在风险社会中，人类之所以身陷险境，面临种种风险，并不是因为弱小，恰恰是因为过分强大。但是，人类强大的力量必须在道德的约束和指导之下，才能有利于人类的安全生存和发展。前文的分析指出，在风险社会中，人类力量的激增使得人类行为的性质发生了变化，它导致了过去科技伦理的失效，我们亟须重建一种新型的科技伦理。在汉斯·约纳斯（Hans Jonas）看来，这种伦理可以称之为"责任伦理"。如果说过去的伦

---

① ［挪威］拉斯·史文德森：《恐惧的哲学》，范晶晶译，北京大学出版社2010年版，第109页。

② ［英］弗兰克·富里迪：《恐惧》，方军等译，江苏人民出版社2004年版，"前言"第9页。

③ ［德］乌尔里希·贝克：《风险社会》，何博闻译，译林出版社2004年版，第102页。

理是基于对善的向往，那么这种新型的伦理则是基于对恶的恐惧。因为，邪恶的力量只需出现就能为人所感知，而益处除非通过人们的反思（而这需要具体的理由），否则可能并不起眼，得不到人们的认识。比如，我们只有认识到疾病的危害，才可能去赞赏健康；只有体验过欺诈，才会去赞同真诚；只有知道战争的苦难，才会去赞赏和平。因此，新型的伦理学需要将恐惧置于希望的优先位置，来理解人类所真正珍惜的东西①。迈克尔·伊格纳蒂夫（Michael Ignatieff）甚至认为，"在20世纪，人类的共性与其说是对生活的希望，不如说是对未来的恐惧；与其说是对自身能够行善的信心，不如说是对自身能够作恶的害怕"②。

那么学校教育该如何开展这种责任伦理的教育呢？约纳斯又提出了"恐惧启示法"，即借助恐惧的景象来教育学生，具体而言有两条途径：其一，想象技术行动的长远后果。因为，"恐惧启示法"就是要通过对灾难的想象，在人的心中埋下人类所需要的能够指导我们的恐惧。换言之，新型伦理通过灾难的创造性想象代替了实际灾难经验的作用，由于这种想象不可能自发产生，因此，需要进行有目的引导，即通过威胁的可视化来激起人们的恐惧，引起人们的重视。其二，在完成第一大任务的基础上，激发一种适于这种想象图景的情感。因为通过危机景象发展人们的道德存在一个致命的困境，即这种景象对人们而言往往是遥远的，所以它们不会如同那种威胁自己或身边人的危险那样激起恐惧。因此，还应培养一种由审思的态度而产生的恐惧，即通过对危机景象的审思，使人们一想到子孙后代的可能命运和灾难就战栗③。当然，利用危机景象激发的恐惧只有在一定的程度和范围内才能有效。心理学表明，中等程度的恐惧是最合适的。因为在高度恐惧时，人会因此而不理解应该改变什么行为；在恐惧

---

① 周全：《学校恐惧论》，华东师范大学博士学位论文，2013年，第99页。

② ［挪威］拉斯·史文德森：《恐惧的哲学》，范晶晶译，北京大学出版社2010年版，第122页。

③ Hans Jonas, *The Imperative of Responsibility—In Search of an Ethics for the Technological Age*, Chicago & London: The University of Chicago Press, 1985, pp. 27-28.

程度低的时候，人又可能不会产生足够强烈的改变行为的动机①。

（二）提升道德判断力和对话能力

在风险社会之前，人们还未从各种传统关系所提供的确定性关系中"脱域"出来，传统的共同体一方面给予了个体应对风险的群体依靠，另一方面给予了个体确定性的道德和价值观念。但是，在风险社会中，道德和价值共识的困境愈演愈烈，道德相对主义也应运而生，此时传递确定性道德和价值观念不仅变得困难，某种程度上说也变得无意义。此外，在风险社会中，"孤独的个体"还要面对各种失控的、过度的信息，面对生活中的各种冲突与风险，这些都亟须个体自己去判断、选择和反思。在这种背景下，学校教育也必须寻求新的出路，应该从传递确定性的道德和价值观转向培养学生的道德判断力，因为学生只有拥有了这种能力，才能在纷繁复杂、危机四伏的风险社会中获得一种适应力并理性地和道德地生活。道德教育该如何培养学生的道德判断能力呢？劳伦斯·科尔伯格（Lawrence Kohlberg）等道德认知流派的研究者认为，培养学生的道德判断能力可以向他们提供道德两难困境，让他们充分陈述其道德理由，并在不同道德理由的冲击下，提升原有的道德发展水平。在风险社会中，由于道德和价值观的不确定性，本来就充斥着道德两难困境，因此，道德教育应积极引导学生发现现实生活中的道德两难困境，并以此提升学生的道德判断能力。比如，2012年发生的"廖丹私刻公章救妻案"就是很好的案例，学校教育可以让学生对廖丹是否该私刻公章救妻做出判断，引导其陈述判断理由，并通过对不同判断理由的讨论和澄清，促进学生原有道德判断水平的提升。

在价值多元化和道德价值冲突的风险社会中，还迫切需要"孤独的个体"建立起共同生活必不可少的共同的道德基础。在风险社会中，虽然"孤独的个体"丧失了传统共同体所提供的道德和价值共识的可能，但是这并不否定人们可以重建一种新型的共识。无论这种新型的共识怎

① 周全：《学校恐惧论》，华东师范大学博士学位论文，2013年，第99—100页。

样，它都应该建立在宽容、相互理解、共同参与、共同创造和互惠共享的精神之上。因此，道德教育不仅要培养学生的道德判断能力，还要培养学生的对话能力，通过尤尔根·哈贝马斯（Jürgen Habermas）所言的"商谈伦理"重建风险社会中新型的道德和价值共识。具体而言，道德教育可以从这几个方面提升学生的对话能力：其一，树立一种开放的道德观念；其二，确立协商和对话的教育方式；其三，发挥教师在道德协商和对话中的引导作用。

（三）培养道德敏感性和社会行动力

学校教育该如何面对风险社会中的道德冷漠呢？此时学校教育应积极引导学生走向他者。这之所以可能，是因为如果我们不信任他人、不关心他人，那么我们将永远无法打破风险社会中信任与冷漠的僵局，甚至还会让我们承担更多的风险，让我们在自己需要帮助时也无法得到他人的信任和关心。道德冷漠的实质是对人性的放弃，因为人并不是一个孤零零的"原子"，而是一个关系的存在，任何人仅仅依靠自身是无法生存在世界之中的。所以，人总有一种与他人共同生活的需要，他们既希望信任他人，也希望被他人信任。马斯洛在其需要层次理论中就明确指出，人有归属与爱的需要，而这种需要的实现就建立在人与人之间相互信任和关心的基础上，如果失去了人与人相互间的信任和关心，归属与爱的需要就永远无法得到满足。在风险社会中，之所以会产生道德冷漠，是由于个体过于关注自己，如果个体能够走出自我，走向他者，那种人与人之间的不信任就会逐渐消失，因为很多事物一旦了解就会发现没有那么危险，困于一己的人失去了解世界的机会，自然会感觉世界更加危险，产生更多的不信任。

那么，在学校教育中该如何引导学生走向他者呢？

其一，道德教育要培养学生的道德敏感性。一方面，如果一个人对他人的利益和需要缺乏敏感性，那么他就很难察觉并感受别人的喜怒哀惧，也不可能在生活中走向他者。另一方面，在风险社会中，由于道德和价值共识的困境，道德和价值日益多元化、利益冲突不断加剧，那些对他人的利益和需要缺乏敏锐的感知和理解能力的人，即使在表达善意、实现正义目的的努力中，往往也会在有意无意之中损害他人的利益，因此，道德敏感性的培养之于为他者的原则是非常必要的。那么又该如何培养学生的道德敏感性呢？英国学校德育专家彼得·麦克费尔（Peter McPhail）曾提出一个著名的德育模式，即体谅模式。该模式以一套包含丰富人际—社会情境问题的教材《生命线》为基础，并通过角色扮演的方法来培养学生的道德敏感性。其具体的流程包括：（1）教师宣读一种体谅情境；（2）学生写出自己会如何做；（3）学生寻求建议性的方针；（4）学生分角色扮演该体谅情境及随后可能发生的事情；（5）全班评价角色扮演。

其二，道德教育要培养学生的社会行动能力。因为，一个人在参与社会生活、干预社会事务上无能，他就很容易把自己封闭在属于自己的狭小圈子里，不愿意主动接近和关心身边的人和事，也就很难让他人真正感受到自己的信任和关心，也因此不能让他人逐渐放弃戒备之心，重建相互间的信任。那么如何培养学生的社会行动能力呢？美国德育学专家 F. 纽曼（F. Newmann）曾提出一个著名的德育模式，即社会行动模式。该模式具有鲜明的行动取向，并把重点落在公民行动上，因为纽曼坚信只有通过不断地实际参与社会行动（即直接影响公共事务的自觉行为）才能真正培养学生的社会行动能力。该模式包括三个主要部分：（1）制定社会行动的政策目标，其主要任务是从道德和社会实际两个层面审议并确定一个社会行动的目标；（2）支持社会行动目标的相关工作，其主要任务是熟悉实现此目标的相关法律规范，寻求更多的支持者参与其中，以及与当事人或部门进行有效的沟通；（3）解决社会行动中的心理哲学难题，其主要任务是解决开展此项行动中遇到的各种冲突。

第二节 个体化社会与承认的教育

个体化进程是风险社会来临的重要表现，其表现为人们从传统社会形式与义务中解放出来，不得不独自承担自我发展的责任，并以从众的无意识方式导致了人与人之间强制的个性趋同。承认有三种形式：情感关怀、法律承认和社会尊重。生活在个体化社会中的个体需要人与人之间的相互承认，因为重建社会关系、摆脱身份焦虑、寻求自我认同都离不开他人的承认。个体化社会的教育更需要给予儿童承认，这是由儿童情感发展的特殊性和个体化社会的教育中充斥着大量的蔑视所决定的。建构承认的教育需要把教育的终极目的定位于学生的全面发展与学校共同体的建构之上，并以此展开三种形式的教育承认：给予每个学生以教育爱；承认每个学生平等的受教育权利；承认每个学生的独特个性与成就。

一、个体化社会来临的表现

"个体化"是诺贝特·埃利亚斯（Norbert Elias）、贝克、齐格蒙特·鲍曼（Zygmunt Bauman）和吉登斯等人提出的概念，用以描述现代人从传统关系中解放出来，不得不承担自我责任，独立面对风险的社会现实。虽然这个概念是西方学者在西方社会现实的基础上提出的，但是在全球化的今天，这一社会现实已经蔓延到世界各地，具有了一定的普遍性，中国也不能例外。当然，不可否认，不同国家的个体化社会还是存在某些差异。贝克就曾明确指出，个体化进程具有开放性，不同的国家可能会以不同的动力进入。"如果说个体化在中国也变得越来越重要，那么这种个体化既不是发生在一个受制度保障的框架内，也不是基于公民权利、政治权利和社会基本权利"①。阎云翔关于中国社会个体化的个案研究进一步表明，中国社会的个体化是通过政府推动而展开的②。即使如此，个体化社会的来临依然存在很多共性的表现。

（一）"去传统"的维度

在个体化社会中，由于解放的加速，个体逐渐"从历史地规定的、

---

① ［德］乌尔里希·贝克、伊丽莎白·贝克-格恩斯海姆：《个体化》，李荣山等译，北京大学出版社 2011 年版，"中文版序"第 8 页。

② 阎云翔：《中国社会的个体化》，陆洋译，上海译文出版社 2012 年版，第 375 页。

在统治和支持的传统语境意义上的社会形式与义务中脱离"① ——这些约束包括整体的文化传统和其中包含的一些特殊范畴，例如家庭、血缘关系和阶级地位——最终变成一个自由却孤独的个体。在埃利亚斯看来，这不仅是一种客观的现实，而且也是一种主观的态度，因为孤独的个体认为，"他'内在地'是某种完全自为的孤立的东西，他无须拥有与他人的联系就存在"。与这个"去传统化"相伴随的必然是传统世界的"祛魅"，这意味着"与实践知识、信仰和指导规则相关的传统安全感的丧失"。②

在我国，去传统化也在加速，远地看，国人已经从传统的封建等级制度的种种限制中解放出来，获得了前所未有的自由；近地看，一方面，国人的身份已经从"单位人"变成了"社会人"，如果说单位曾经给予了个人在社会阶层中的身份地位，为个人提供了生存资源，也提供了福利供给，如教育、医疗、住房等民生问题都由单位来解决，那么，随着改革开放尤其是社会主义市场经济体制的确立，大多数"单位人"已经变成"社会人"，他们必须自谋出路，其身份也变为了雇员、老板等③。另一方面，随着全国农村城镇化进程的大力推进，曾经可能要在一块土地上生活一辈子的农民，也逐渐从农村进入城市，他们不仅逐渐脱离了传统的农村社会环境，而且也逐渐游离于传统的农村价值与规范之外。这些进程都让国人从传统的、熟悉的社会关系中解放出来，使得当前的社会环境从熟人社会进入了陌生人社会。一方面，人们感觉到了前所未有的自由；另一方面，人们也感觉到了前所未有的孤独。

（二）"再嵌入"的维度

"再嵌入"是指个体从传统关系和社会地位中脱离出来之后，必须重新建立社会关系、谋求社会地位。在个体化社会中，一方面个体感受到了前所未有的自在，另一方面也感受到了前所未有的压力，这种压力来源于

---

① ［德］乌尔里希·贝克：《风险社会》，何博闻译，译林出版社 2004 年版，第 156 页。
② ［德］乌尔里希·贝克：《风险社会》，何博闻译，译林出版社 2004 年版，第 156 页。
③ 郑富兴：《个体化社会的道德教育问题》，《华东师范大学学报》（教育科学版）2011 年第 4 期。

鲍曼所指的"强迫的和义务的自主"这种自相矛盾的现象。因为现代人被迫成为积极主动和自己做主的个体，他们必须对重建社会关系和谋求社会地位负全责，如果他们失败，也只能归咎于自己。换言之，"个体化意味着生活之重完全落到了个体的身上，生活变成了一件彻底个人性的、私人化的事务，每个人依靠自己的个体性在对未来的生活轨道进行预期和盘算"①。

正因为如此，在个体化社会中，每一个人都体验到了强烈的身份焦虑。"身份焦虑"是一种担忧，担心我们无法与社会设定的成功典范保持一致，从而被夺去尊严和尊重；以及担心我们当下所处的社会等级过于平庸，或者会堕落至更低的等级。其实，每个时代的人都有一定的身份焦虑，但是在个体化社会中，人们的身份焦虑凸显。这有多种原因：其一，个体化社会带来了身份的不确定性。在此之前的社会，由于传统关系的束缚，人的身份在其出生时基本上已经确定了，并且终其一生很少发生改变。然而，个体化却使现代人从传统关系中解放出来，以往的那种基于出生的身份也因此失去了确定性。随着个体化的加剧，身份变得越来越不确定。其二，个体化社会中存在着激烈的竞争。个体化打破了传统的身份限制，现在每个人都可以通过自己的奋斗获得身份，这必然造成身份的争夺变得异常激烈。E. 弗洛姆（Erich Fromm）就指出，在此背景下，"人受到希望超过竞争对手的欲望的驱使，完全改变了具有封建特征的两种态度，即每一个人在社会等级制度中，都有着传统的位置，他应该对此感到满足。……在这种具有社会流动性的社会里，每个人都为了争得最好的位置而不停地奋斗，哪怕经过筛选，只有少数人能达到目的，这种奋斗也不会停止下来"②。

中国也逐步进入了个体化社会。在个体化社会中，住房、就业、子女教育等就像身份地位一样变得不确定并成为一种"希望"，国人相信他们

---

① 金生鈜：《规训与教化》，教育科学出版社 2004 年版，第 94—95 页。
② ［美］E. 弗洛姆：《健全的社会》，孙恺祥译，贵州人民出版社 1994 年版，第 81 页。

只要通过自己的奋斗，在打败他人的竞争中就能获得。换言之，在个体化社会中，国人至少有了改变自己身份地位的强烈欲望，所以他们才会为不能获得那些可能获得的东西而感到焦虑和恐惧。

（三）"去个性"的维度

"个体化"与"个性化"是完全不同的进程，因为个体化不仅不会导致人与人之间独特的个性差异，反而会导致人与人之间强制的个性趋同。所以贝克指出，个体化伴随着生活方式一致性和标准化。因为，对社会制度的依赖决定了当代个体不能自由地寻求并构建独特的自我，男男女女必须根据某些指南和规则来设计自己的生命轨迹。在个体化社会中，个体是"通过从众来创造自己的生活"的①。虽然个体确实从传统的义务和支撑关系中解放出来，但却代之以劳动市场的生存束缚和作为一个消费者而拥有的标准和控制。换言之，个体化将人们引向了一种在家庭和世族亚文化中并不知晓的内在控制和标准化②。个体对消费歇斯底里式的热衷，就是一个典型的例子。从表面上看，个体化给了人们前所未有的自由，其实，它却把人置于新的"牢笼"之中。因为当个体被不断制造出来的消费欲望所奴役时，他们已经放弃了刚刚获得的自由，被"新老大哥"所俘虏。如果说"老大哥"是通过强权的力量控制着人，那么"新老大哥"则是通过利益的诱惑控制着人。更为重要的是，"老大哥"们都是利用了现代人的孤独感与焦虑感。在这种规训之下，人们逐渐失去了个性。

在我国，目前这样的情况也十分明显，在消费逻辑之下，每个人都认为，他不仅要满足生理意义上的生存，而且还要满足社会意义上的生存。比如，不仅要吃饱，还要吃出档次；不仅要有住房，还要有好的住房；不仅要工作，还要有比别人挣得多的工作。表面上看，似乎每个人都有他自己独特的个性，其实，这种独特性往往仅体现为消费水平换来的符号标示，并不具有内在的精神根基。

---

① ［德］乌尔里希·贝克：《风险社会》，何博闻译，译林出版社 2004 年版，第 159 页。
② ［德］乌尔里希·贝克：《风险社会》，何博闻译，译林出版社 2004 年版，第 161—162 页。

二、个体化社会需要相互承认

个体化让现代社会变成一个充满不确定性的风险社会，也让现代人丧失了安全感、可靠感和确定感。在这种基本的心境笼罩之下，作为人的基本需要之一的承认需要就变得格外强烈，这是因为在他人的承认之下，个体才能真正摆脱内心的不安全感、不可靠感和不确定感。

（一）承认及其形式

"承认"一词主要包括前后递进的两个方面的内涵：一层是赞同、同意和肯定的意思，用于表达对某一事物有效性和合法性的认可；另一层是赞赏、赞扬和表彰，渗透出对一种行为和状况的积极评价，表露出注重和尊敬的情感维度。① 阿克塞尔·霍耐特（Axel Honneth）认为，相互承认有三种形式，即"情感承认"、"法律承认"和"团结承认"，它们对应的相互承认原则是需要原则、平等原则和贡献原则。他还认为，情感承认、法律承认和团结承认三种主体间性承认形式，分别对应着自信、自尊、自豪三种实践自我关系。亦即，自信存在于情感承认的体验中，自尊存在于法律承认的体验中，自豪存在于团结承认的体验中②。

作为第一种主体间性承认形式，爱或情感关怀使人拥有自信。爱不仅是指男女之间具有性别含义的关系，它也指家庭之内父母和子女之间的情感关系，因此，爱应被理解为"在他者中的自我存在"。在爱中主体彼此确认其需要的具体特征，并且作为有需要的存在而相互承认，所以，爱代表了相互承认的第一个阶段。③ 当个体认识到自己作为一个独立的人被人所爱，而那个人也感受到了他的爱时，他就可能发展出一种自我关系。比如，儿童与母亲之间的爱，如果母亲之爱持久而又可靠，那么，在这种保护伞

① 郝相钦：《社会变革的道德透视——霍耐特承认理论的深层解读》，北京师范大学博士学位论文，2008年，第102页。

② ［美］南茜·弗雷泽等著：《再分配，还是承认？——一个政治哲学对话》，周穗明译，上海人民出版社2009年版，"译者前言"第7页。

③ ［德］阿克塞尔·霍耐特：《为承认而斗争》，胡继华译，上海人民出版社2005年版，第103页。

下，儿童不仅可以发展出一种对社会满足其需要的信赖感，而且通过这种信赖所开辟的心理道路，还能发展出一种基本的"独立存在"的能力。①

作为第二种主体间性承认形式，法权或法律承认使人拥有自尊。对于传统法权关系来说，承认某个个体的法权人格是以某种方式与社会尊重融合在一起，而社会尊重则是根据社会地位赋予社会成员的。因此，法律承认仍然是直接按照个体作为社会角色承担者所享受的尊重程度来划分等级的。然而，在现代社会中，个体法权与具体的角色期待发生了分离，个体法权原则上赋予每个人以自由平等权利。如果个体的法权人格被承认，那么就必须能够承认他们相互尊重的能力。因为个体拥有法权就意味着他能够提出为社会所接受的要求，这样社会就给予他以合法的创造机会。借此，个体就可以明确承认自己已经享受到所有他人的尊重，即自尊。

作为第三种主体间性承认形式，团结或社会尊重使人感到自豪。随着法律承认与社会尊重的分离，在历史上第一次出现了尊重的两种不同含义之间明确划界的趋向。如果说法律承认关涉人之为人的一般特征，关键是如何确定人作为人的结构特征，那么社会尊重关涉人区别于他人的特征，关键是如何建立一种评价体系来衡量个体性格特征的价值。换言之，现代法律是一种承认媒介，它以差异方式表达人类主体的一般特征；社会尊重是一种社会媒介，它以一般方式表达人类主体的个性差异。② 因此，个体的社会价值只能通过他对社会目标的实现作出贡献的大小来衡量。这种个体实践自我关系所获得的承认体验，就是群体自豪感或社会荣誉感。

（二）为什么个体化社会需要相互承认

个体化社会的种种特征决定了生活在其中的个体离不开相互承认。其一，重建社会关系离不开他人的承认。在任何时代，每个人都必须生活在一定的社会关系之中。然而，在个体化社会中，各种传统的社会关系断

---

① ［德］阿克塞尔·霍耐特：《为承认而斗争》，胡继华译，上海人民出版社 2005 年版，第 111 页。

② 王凤才：《论霍耐特的承认关系结构说》，《哲学研究》2008 年第 3 期。

裂了，个体变成了孤独的个体。孤独的个体要想重建社会关系，并融入共同体之中，就必须通过相互承认。在前现代社会，承认从未成为一个问题，因为，由社会地位所决定的认同是人人都视为理所当然的社会基本范畴，它内在地包含着普遍承认。当然，这并不是说前现代社会的人们没有（我们所说的）认同，也不是说他们不依赖于承认；而是这些东西对他们来说根本不成为问题，完全没有必要使之主题化。①

其二，缓解身份焦虑离不开他人的承认。从广义上看，身份是指个人在他人眼中的价值和重要性。换言之，他人的承认是决定身份的关键因素。为什么他人的承认如此重要呢？这"在于人类对自身价值的判断有一种与生俱来的不确定性——我们对自己的认知很大程度上取决于他人对我们的看法"②。深层地看，这是因为人并不是一种孤立的存在，而是一种"复数性存在"（阿伦特语）、"关系性存在"（鲁洁语），这个特点决定了人希望通过别人的关注来确认自己。人需要通过别人的关注来确认自己，因为人是不确定性的存在，人自身无法确认自己，只有通过别人的关注与认可，人才能通过"镜中自我"逐渐认清自己。"我们的'自我'或自我形象就像一只漏气的气球，需要不断充入他人的爱戴才能保持形状，而他人对我们的忽略则会轻而易举地把它扎破。"③ 在身份焦虑凸显的个体化社会中，他人的承认就显得更加重要了。

其三，寻求自我认同离不开他人的承认。查尔斯·泰勒（Charles Taylor）曾断言，如果得不到他人的承认，或只得到他人扭曲的承认，就会对人的认同形成消极影响，甚至导致自身被蔑视。因此，正当的承认不是人们赐予别人的恩惠，而是人的一种至关重要的需要。④ 在个体化社会

① 王凤才：《论霍耐特的承认关系结构说》，《哲学研究》2008 年第 3 期。
② ［英］阿兰·德波顿：《身份的焦虑》，陈广兴等译，上海译文出版社 2009 年版，第 7 页。
③ ［英］阿兰·德波顿：《身份的焦虑》，陈广兴等译，上海译文出版社 2009 年版，第 1 页。
④ 参见朱立立等：《宽容话语与承认的政治——中国现当代文论中的宽容论述及其相关问题》，江苏大学出版社 2009 年版，第 178 页。

中，由于独白倾向严重低估了对话和相互承认在人的生活中的地位，人们忘记了对生活中美好事物的理解可能会由于他们与自己所爱的人共同分享而有所改变，所以，个体化社会才不断出现去个性化的特征。如果人们继续以一种自以为个性化的方式炫耀自己的生活，放弃对话和相互承认，那么他们只能进一步落入去个性化的深渊。

三、个体化社会的教育更需要给予儿童承认

在个体化社会中，社会中的成人需要相互承认，教育中的儿童也需要相互承认，并且教育中的儿童比社会中的成人更需要相互承认。这是由教育自身的特殊性和个体化社会中教育的特殊性所决定的。

（一）儿童情感发展的特殊性决定了教育更需要给予儿童承认

承认的支持，尤其是情感关怀的承认支持必须从儿童时期开始，因为早期的情感支持更有利于儿童形成健康的性格。教育人类学的研究表明，"情绪与其说是心灵表面无关紧要的游戏，不如说是所有个别成就得以产生和持续存在的根本基础。它总是以一定的方式解释和说明世界和生活的。它历来支配着我们把握事物和形势的方式"，并且"与成人相比，情绪对尚未成熟的儿童影响更大"。[①] 因此，人类在儿童时期形成的"幸福和无忧无虑的、不为恐惧和担忧困扰的基本心境"对于他们今后的生活是十分重要的，然而，这些都离不开教育者对儿童在各个层面的承认。如果得不到教育者的承认，儿童不仅不能产生积极的情感体验，反而还会因为蔑视而产生诸多消极的情感体验。霍耐特就指出，如果说成功的情感约束依赖于共生状态和自我肯定之间的平衡能力，那么这是在早期儿童时代所获得的[②]。从这个意义上看，儿童需要生存在相互承认的教育氛围当

---

① ［德］O. F. 博尔诺夫：《教育人类学》，李其龙等译，华东师范大学出版社 1999 年版，第 44 页。

② ［德］阿克塞尔·霍耐特：《为承认而斗争》，胡继华译，上海人民出版社 2005 年版，第 105 页。

中，以便形成对这个世界及生活在这个世界中的人的基本信赖，等到长大之后，他们才有足够的勇气和能力来应付个体化社会所赋予个体的生活压力与自我责任。相互承认的教育氛围也能让儿童感到学校是一个值得信赖的精神共同体，这不仅有利于学校共同体的建构，而且也有利于未来的儿童能有一个心灵可以依靠的避风港。

（二）个体化社会的教育中充斥着蔑视决定了其更需要给予儿童承认

在个体化社会中，人们特别依赖劳动市场，因为"谋生"必须通过劳动市场。任何无法进入劳动市场的人面临的将是社会上和物质上的湮没。不过，一个人要想进入劳动市场，尤其是进入"高级"的劳动市场，还必须接受良好的教育，因此，是否具有受教育机会，成为年轻人能否进入社会的关键。在这样的背景下，教育的身份功能变得越来越重要。教育的"身份功能"是指教育可以让人获得一定的身份。通过接受一段时间的教育，一个人就可以获得一份代表着受教育程度的文凭，这个文凭就像一个"一般等价物"，拿着它就可以在社会上换取一个与之等价的身份。"说得更彻底一些，教育的身份功能，其实就是一种社会分层的功能，一种影响人们社会流动的重要因素。人们因不同的教育身份而处于不同的社会阶层，也因教育身份的改变而产生社会流动。"①

在传统社会中，个人能否接受教育以及接受怎样的教育主要由各种等级决定，所以教育身份功能的"象征性"一面凸显。在现代社会中，绝大部分地区在制度上都废除了等级制度，教育身份不再由先天的等级所决定，而是由后天的奋斗所决定。面对个体化社会中日趋激烈的竞争，教育身份的作用不仅没有减少，反而不断增加，并呈现出实用化的趋势。如果使用厄尔·霍珀（E. Hopper）所区分的"受教育程度"（指小学、初中、高中、大学等区分）和"受教育途径"（指什么学校的区分，如某知名大

① 陈振中：《论教育的身份赋予》，《华东师范大学学报》（教育科学版）2004 年第 4 期。

学、某一般学院）两个概念，那么现代社会不仅看重"受教育程度"，而且还看重"受教育途径"。例如，现在高校引进教师，不仅要求博士，还要求"211"或"985"高校的博士，甚至还要求本科、硕士都出自"211"或"985"高校。这种不仅要看"学历"还要看"校历"的现象，存在着极大的片面性，但却因为种种原因积弊难清。

由于身份焦虑和教育身份功能的双重凸显，在个体化社会中，人们对教育抱以极大的期望。虽然教育应该帮助人摆脱身份焦虑，但是教育有其自身的内在逻辑，即通过培养健全的人格来摆脱身份焦虑。然而，面对人们对教育的过度期望，由于教育并没有坚守自身的逻辑，结果在现实的教育中往往缺乏应有的承认，而常常带着不应有的蔑视。比如，学校常常被分为"重点校"与"普通校"；班级常常被分为"快班"与"慢班"，或者"重点班"与"平行班"；学生也常常被区分为"优等生"和"后进生"，进行区别对待，这种区别对待的教育氛围充满了蔑视。因此，我们认为，某种程度上教育的平庸化①使得教育领域更加需要给予儿童承认。

四、承认的教育的构想

如果说在个体化社会中，教育领域亟须给予儿童承认，或者说个体化社会急需一种承认的教育，那么承认的教育又是怎样的呢？基于前面对承认的理解，我们认为，承认的教育也应该包含四个方面。

（一）教育目的：学生的全面发展与学校共同体的建构

任何时代的人都有两种基本的心理需要，一种是人与同类交往以逃避孤独，另一种是人对自由的需求以排除其个性化发展和内在成长潜能的障碍。如果人与同类的交往、对自由的需求同时满足，人就能使自己与自然界、他人有机和谐地结合在一起，实现人性的全面发展。在个体化社会中，显然第一种心理需要的满足受到了极大的阻碍。为了让人在个体化社

———————

① 这里使用"平庸化"这个概念是基于阿伦特所使用的"平庸的恶"的概念，因为人们常常认为教育也只是整个社会体制中一个无力的环节，并以此来为教育洗脱罪名。

会中获得全面的发展，就必须积极地去满足这种需要。承认的教育就是基于这样的出发点，通过多个层面的相互承认，不仅实现学生的全面发展，而且实现学校共同体的建构。

基于自由主义的教育①和基于社群主义的教育是现代教育思想两大源流，二者都有自身的缺陷，自由主义的教育使得共同的、普遍的价值消逝于个体的自我发展之中；社群主义的教育使得个体的独特性消逝于集体共同的价值之中。二者之所以会产生冲突，是因为人们没有认识到共同体对于个体的价值。其实，共同体价值的共享及团结关系的维系与保证个体自由及自我实现是一体两面、辩证统一的。霍耐特指出，传统背景下在涉及主体间正当性的价值时，共同体仅仅被理解为指向共同利益的社会关系，然而，这种特定价值的共同认可都是与交往的特定类型相关联，因此，这种传统的共同体观念忽视了特定的情感条件，使共同体概念的绝大部分都得不到明确。② 相反，如果主体之间通过情感、法律建立起广泛的社会化形式，最终形成一个相互尊重、相互自由的空间，那么就可以避免传统共同体的弊端。这种新型的共同体显然与相互承认的不同模式相关联。基于此，承认的教育就需要考虑不同层面的相互承认，以实现学生的全面发展和学校共同体的建构。

（二）情感关怀："教育爱"

个体化社会中，教育需要考虑的第一种相互承认就是情感关怀，即教育爱。教育爱这种情感关怀形式的相互承认，"主要存在于教师与儿童、学校的人性化环境与儿童的互动交往中，特别是在教育早期的儿童，这一形式的承认的需要是明显的。关爱的需要表现了儿童特殊的情感依赖，以及希望获得教师的情感鼓励的心态。教师是儿童心目中的重要人物，他们对于儿童的情感接纳，对于儿童的自我认同、自我形象、自我意识的发

---

① 这里所说的不是古希腊意义上的"自由教育"（liberal education），而是基于个人主义的自由教育。

② 陈良斌：《后传统背景下的共同体重建——兼论霍耐特承认政治学的理论意蕴与现实意义》，《学海》2009 年第 3 期。

展具有积极的意义。处在教育中的儿童，作为一个特殊需要的个体，通过教师关爱形式的承认，把自己作为一个独立的精神个体，从而获得自信"①。作为情感关怀的承认形式，教育爱不同于一般意义上的情感关怀，因为它的最终目的指向学生的独立。其实，情感性的尊重与关爱是其他一切承认的重要基础。没有这个基础，其他层面的相互承认就无从谈起。

（三）法律承认：平等的受教育权利

在个体化社会中，教育需要考虑的第二种相互承认是法律的承认。因为在现代社会中，自由与平等的思想已经深入人心，现代教育也是基于自由与平等思想而建构的。在个体化社会中，由于人们进一步从传统的社会关系和身份等级之中脱离出来，自由与平等的愿望更加强烈，教育当然需要考虑这种愿望。那什么是法律承认呢？就是要承认每个儿童平等的受教育权利，"把儿童看作是自为的目的本身，具有人格的尊严，承认肯定了他们作为道德责任主体的自主性"②，这种形式的教育承认不仅是要给予每个儿童接受教育的平等机会，而且是相信他们每个人都可以通过教育取得成功，这种承认会让儿童建立一种重要的自我实践关系——自尊。"以权利为媒介的承认形式，既存在于教师与学生、学生与学生的互动之中，也存在于作为组织的学校与学生的互动关系之中；同时，还存在于整体的教育制度对待学生的方式之中。"③

（四）社会尊重：承认学生的独特个性与成就

在个体化社会中，教育需要考虑的第三种相互承认是社会尊重。如果说前两种承认对每个儿童而言都是无条件的、相同的，那么这种承认则是有条件的、不同的，因为它不仅与每个儿童的独特发展相联系，而且也与每个儿童对共同体的贡献相联系。换言之，"这种形式的教育承认通过教育引导，期望特定的品质、能力和社会性特征能够发展起来，这种承认是

---

① 金生鈜：《承认的形式以及教育意义》，《教育研究》2007 年第 9 期。
② 金生鈜：《承认的形式以及教育意义》，《教育研究》2007 年第 9 期。
③ 金生鈜：《承认的形式以及教育意义》，《教育研究》2007 年第 9 期。

每个儿童需要的，但是它与个体自主性的努力联系在一起，与个体认同社会、文化的价值和目标联系在一起，与个体的人格品质的发展联系在一起，这种承认形式可能针对不同的个体有不同的承认"①。需要指出的是，这种承认不仅是建立在前两种承认的基础之上，也是建立在承认的教育的终极目的之上，因此，"尽管每一个儿童可能因为自己的特点而获得不同内容的赞许和重视，但是，教育对每一个儿童的社会重视对于他们人格的积极健康的发展是不可或缺的"②，同样，这种个性化的承认对于学校共同体建构也是必需的。只有当社会尊重这种承认形式考虑了这样两个出发点，才不至于以一种完全归属性的价值观目标为标准，或以某种与儿童的完整性品质无关的标准作为给予重视的理由。

第三节 科技时代的责任伦理与忧惧启示法

风险社会的形成与现代科技的失控发展有着密切的关系。现代科学突出的实践与应用特性、现代技术的"自进步"与封闭性，以及现代科技赋予人类前所未有的力量，使得过去的伦理学面临着种种挑战，人们急需一种新型的伦理。由此，人们提出了责任伦理，这是一种整体性、远距离、自我限制的伦理。忧惧启示法是责任伦理实现的重要方法，在教育中使用它的目的在于培养人们的整体、未来意识和节制精神。对于此目的的实现，忧惧启示法提出了两个紧密相连的教育任务：其一，引导人们想象技术行动的长远后果；其二，激发一种适于这种想象的图景的恐惧情感。然而，恐惧毕竟是一种消极的情绪，在教育中使用忧惧启示法是有限度的：一是恐惧的限度，即教育中所引发的恐惧要适度；二是年龄的限度，即不能让年幼的儿童感到恐惧；三是其自身的限度，即在教育中不排斥其他方法的使用。

---

① 金生鈜：《承认的形式以及教育意义》，《教育研究》2007 年第 9 期。
② 金生鈜：《承认的形式以及教育意义》，《教育研究》2007 年第 9 期。

一、现代科技的发展与伦理困境的显现

（一）现代科学突出的实践与应用特性呼唤新型的伦理

科学并不是现代社会特有的产物，不过现代科学与古代科学存在着巨大的差异。在古代，科学往往是纯粹理论知识的探讨，它与活动领域是明显分离的，因此它被看作求知者的私善，相关的技术发明也被看作私人的爱好。当科学研究形成了某种新的观念时，即便流传再广，至多具有劝说力而非强制力。因此，古代科学较少涉及道德的评价，它为自己构造了一座道德孤岛。然而，现代科学却呈现出理论与实践融合的趋势，特别是自然科学在结构上具有与古代科学截然不同的特点，它不仅含有纯思辨的理论知识，而且也包含有目的的实际行动，或者说它具有了实践的性质。这种融合要求现代科学必须接受道德规范的制约。约纳斯指出："不仅理论与实践之间的界限成了不确定的，而且现在两者在研究者的内心深处彼此融合，以至于不再有什么'纯粹的理论'之古老辩护，伴随这种古老的辩护，曾经作为其保障的道德的豁免权也宣告终结。"[1]

伴随着现代科学的实践性而来的是其应用性也越来越突出。如果说应将科学研究与其应用严格地区分开来，即科学研究本身是价值中立的，那么这一说法只适用于古代科学，而不适用于现代科学。因为，从组织方式看，古代科学研究并不是一种职业，而是有钱人资助的私人活动。但是，现代科学已经从以前的私人小型研究逐步发展成为计划严密、分工精致的大型研究。现代科学所需要的经济资助的数量和来源都决定了现代科学再也无法将纯理论研究与实际应用分开了。从这个意义上看，现代科学的发展更多的是受外部利益而非科学本身所决定，纯粹"漠然的"理论的辩护已经不攻自破了。因此，理论固有的孤岛性质已经无法再阻止理论研究者成为巨大的、可归责的后果的发起者。从研究方法看，现代科学，尤其

---

① ［德］汉斯·约纳斯：《技术、医学与伦理学——责任原理的实践》，张荣译，上海译文出版社 2008 年版，第 70—71 页。

是自然科学是伴随着这样一个决定出现的，"通过积极干预自然，进而干预认识对象，迫使自然具有其真理。这种干预就叫'实验'，它已经成了现代自然科学的一个生命要素"①。因此，"'今天在自然科学中几乎处处都发生着理论与应用兴趣的不可分割的交融'。人们经常发现，在纯粹的基础理论研究中会出现令人惊异的应用上的特征，相反地，在应用研究的范围内则发生了理论上的突破"②。面对现代科学所呈现的实践和应用特性，科学研究再也找不到任何借口来逃避道德的约束了，所以，人们亟须建构一种新型的伦理来应对现代科学的新特性。

（二）现代技术的"自进步"与封闭性急需新型伦理

现代科学的实践性和应用性凸显，而现代技术又具备了不断"进步"的无限动力，并摆脱了"应该"的束缚。现代技术往往将其恶行和罪过定义为自己（发展）不充分的结果，将由此导致的"问题"定义为需要更多自身：技术产生的"问题"越多，需要的技术就越多。约纳斯指出，现代技术是一项事业和一个过程，而以往的技术是一种占有和一个状况。在过去，一个现行的工具和操作方法清单通常相当固定，并且倾向于在被认可的目的和恰当手段之间达成一种静态的平衡。③ 然而，现代技术却不是这种画面：其一，现代技术绝不会为了在手段与预定目标的符合中达到平衡而努力，相反却是要打破平衡，寻求更大的进步；其二，手段与目标间的关系已不再是单向度的直线关系，而是辩证的循环关系，即手段引发新的目标，目标激发新的手段；其三，"进步"不是现代技术的一个意识形态的装饰，也不是一种如我们所愿的选择，而是一种超越了我们自由意志的内在动力④；其四，"并非只有当技术恶意地滥用，即滥用于恶的意

---

① ［德］汉斯·约纳斯：《技术、医学与伦理学——责任原理的实践》，张荣译，上海译文出版社 2008 年版，第 7 页。

② 甘绍平：《应用伦理学前沿问题研究》，江西人民出版社 2002 年版，第 110—111 页。

③ 参见［德］汉斯·约纳斯：《技术、医学与伦理学——责任原理的实践》，张荣译，上海译文出版社 2008 年版，第 2—3 页。

④ 参见［德］汉斯·约纳斯：《技术、医学与伦理学——责任原理的实践》，张荣译，上海译文出版社 2008 年版，第 5—6 页。

图时，即便当它被善意地用到它本来的和最合法的目的时，技术仍有其危险的、能够长期起决定作用的一面……危险与其说在于放弃，不如说在于成功"①。所以，汉斯·昆（Hans Kung）指出，"技术上最伟大的胜利与最大的灾难几乎并列"②。

马克斯·韦伯（Max Weber）曾告诉我们，由技术召唤出的世界是一个"祛魅"的世界，在这个世界中没有"目的""意图""目的地"，"是什么"拥有了对"应当是什么"的权威性。在这种条件下，设定目的的权力就能自由地转让给当前使事情发生的能力；如果某件事能够做，那么就没有权威人士有权禁止它的发生。③ 因此，现代技术的进步不再需要合法性，或者更精确一点说，它自身就具有合法性。"能做什么就做什么！这就是全部！"技术也被定义为"目标与机制完全的分离，将问题限制在手段上，拒绝以任何方式干涉效率"④。当现代技术成为一个"自进步"的封闭系统时，人们就不得不承担起一种新的伦理责任，因为，伴随技术的每一次进步，我们的权力往往会实体化为一种自我行动的力量，我们会使权力的实施者荒谬地屈从于权力。因此，"为了人类的自律、尊严（它要求，我们自己能够支配我们自己，而不要让机器支配我们），我们必须采取非技术学的方式控制现代技术的飞速发展"⑤。

（三）现代科技赋予人类前所未有的力量与伦理真空的出现

随着现代科学和现代技术的相互作用，人类被赋予了前所未有的巨大力量，这使得自然和人类自身都面临着巨大的威胁。现代技术已经逾越了

---

① 参见［德］汉斯·约纳斯：《技术、医学与伦理学——责任原理的实践》，张荣译，上海译文出版社 2008 年版，"译序"第 4 页。

② ［瑞士］汉斯·昆：《世界伦理构想》，周艺译，生活·读书·新知三联书店 2002 年版，第 16 页。

③ ［英］齐格蒙特·鲍曼：《后现代伦理学》，张成岗译，江苏人民出版社 2003 年版，第 227—228 页。

④ ［英］齐格蒙特·鲍曼：《后现代伦理学》，张成岗译，江苏人民出版社 2003 年版，第 220—223 页。

⑤ ［德］汉斯·约纳斯：《技术、医学与伦理学——责任原理的实践》，张荣译，上海译文出版社 2008 年版，第 32 页。

自然及其承受的界限，可是它并不停息或降低活力。与现代科技的成就和功绩相比，它威胁人类生活的负面影响也越来越明显：它使大片土地荒芜，使森林毁灭。现代科技对自然的威胁不仅会影响当代人，还会影响未来的人。因为，现代科技实质上着眼于大用途，它的产品遍布全球，其累积的效果可能延伸至无数后代。而眼前紧迫的是，这些都是以往实践选择领域内从没遇到过的问题，也没有一条过去的伦理学原则能够处理它们。

除了对自然构成巨大的威胁外，现代科技也对人类自身构成了巨大威胁。人类曾以为科学技术仅仅应用于非人类领域，但现在人自己也被添加到技术的对象之中，比如，延长寿命、行为控制和基因控制等。更可怕的是，现代科技还侵蚀了人类的道德根基。一方面，受到现代科技的影响，道德判断越来越依赖于专业知识。在以往，道德判断并不需要专业知识（比如科学知识），确保行为道德性的知识不是科学家或专家知识，而是一种所有具有善良意志的人都能看到的知识。[1] 甚至在智力最为平庸者那儿也能轻易确定善与恶。然而，现代科技却改变了这种情况。所以，约纳斯指出，技术意味着将生活打碎成一系列的问题，将自我打碎成一个产生问题的多面体，每一个问题都要求单独的技术和专门的知识。道德自我是在技术品当中最明显、最突出的一个。[2] 另一方面，当现代科技渗透到人们生活的方方面面时，它还会阻碍人类的道德视线和情感，使其产生道德的盲区和冷漠，比如，借助现代高科技武器，人类可以轻易地在遥远的地方完成大规模的杀戮，而逃避面对面时所产生的道德冲突。正因为在过去人类不具有这样的科技，故而过去的伦理学主要面向的是人际间的直接交往，行为者和"他者"都是共同在场的参与者。现代科技及其产品在生活中的渗透却使得过去的伦理学再也容纳不下它们。诚然，"邻近"的伦理学的旧指令（正义、仁慈、真诚等），仍然适用于最切近的日常人际交

---

① Hans Jonas, *The Imperative of Responsibility—In Search of an Ethics for the Technological Age*, Chicago & London: The University of Chicago Press, 1985, p. 5.

② ［英］齐格蒙特·鲍曼：《后现代伦理学》，张成岗译，江苏人民出版社 2003 年版，第 231—232 页。

往领域，但是，这个领域正被一种日益变化的行为领域所遮蔽，在那里行动者、行动与结果不再像它们在切近领域中那样相同，这就赋予了伦理学以一种前所未有的新的责任维度①。

二、科技时代的重要伦理：责任伦理

面对现代科技对人类的伦理道德形成的挑战，我们急需一种新型的伦理来应对。韦伯和约纳斯等人把这种新型的伦理称为"责任伦理"，其核心是以对行为后果的认知为导向来控制和影响人类整体的行为。因为，"当人类意识到自己行为的无可挽回的后果，意识到自己对于后代的责任时，他们就会改变自己的行为方式，并且将资源保护、减少对生态环境的副作用及坚持可持续发展的原则作为新的生存价值体系的基石"②。

（一）责任伦理：整体性的伦理

责任伦理是整体性的伦理，它的这种特性可以从承担责任的主体和所负责的对象两个方面来理解。

其一，责任伦理要求责任的主体从个体转向人类整体，将道德责任承载者确立于整个人类，而不仅仅是理性自律或意志自由的个体。在西方传统中，伦理论证的类型以及普遍的道德规则几乎都是与个体的行为和生活相关的，因此，在源于西方文明的现代社会中，一直都缺乏一种能思考人类行为的巨大后果的伦理学。现代社会是一个由复杂的设计与创新、生产与服务、交换与消费等领域与过程构成的巨大系统，在其中个人的行为空间越来越窄。在这种境况下，依靠个人、依靠个体伦理学是不可能寻求一种能够制约现代科技的新力量的，因此，"我"将成为"我们"，决策与行为将成为集体的事情。如果说现代科技在伦理上提出的重大问题成了集体的事业，那么责任伦理就不同于传统的个体伦理学，它是一种整体伦理

---

① Hans Jonas, *The Imperative of Responsibility—In Search of an Ethics for the Technological Age*, Chicago & London: The University of Chicago Press, 1985, p. 6.

② 甘绍平:《应用伦理学前沿问题研究》，江西人民出版社 2002 年版，第 129 页。

学。不过，约纳斯指出，虽然责任的承载者应确立于整个人类，但是只有民族国家这种政治实体才能承担起对人类未来负责的重大责任，因为，"利维坦"才是当今时代最重要的责任承担者①。其实，献身于一个更大的、广博的东西，并为此做出牺牲，对人类来说并不陌生，比如爱国主义。但是，爱国主义往往是依靠外在"敌人"的存在，才使其变得强烈和清晰，对于爱"全人类"而言却是困难的，因为，人类是抽象的，而威胁人类的敌人又是内在的，人类特有的习惯和喜好就是"我"的习惯和喜好。因此，唤醒、呵护甚至建立一种对"人类"的感觉，就是一项对明天世界极端重要的、具有教育意义和理智的任务②。

其二，责任伦理要求所负责的对象从人类扩展到非人类。借助现代科技，人类的力量无限张扬，地球上的其他生命都极易遭到破坏而无力反抗。如果说曾经是先验赋予人类承担起其他物种和地球的责任，那么它在科技时代就变成了经验。这意味着我们不能再坚持过去的人类中心主义伦理的限制，现在我们不仅要考虑人类的利益，而且要把我们的责任伸展得更远，即非人类的自然状况、生物圈整体及其现在受我们支配的组成部分，呼吁人们不要伤害大自然的完整性。③ 我们要反对视自然为征服对象的观念，倡导自然有其独特的价值和尊严的观念。深层地看，人类之所以会把自然视为征服对象，是因为近代以来"逻各斯"思维成为人类主导的思维方式，它是一种遵从理性、征服的思维方式。约纳斯认为，虽然这种思维对人类历史做过独特的贡献，但现在人类必须进化到一种新的思维，即整体思维。因为，"逻各斯"思维的发展导致了机械论和达尔文主义的社会观，它使我们相信人类有按照其意愿操纵环境的自由权利，使我们认为生存就是一场你死我活的竞争，于是，人们"坚持追逐物质产品和物质主义生活方式，过度开发资源并使环境贫瘠化"。而整体思维则认

---

① 甘绍平：《应用伦理学前沿问题研究》，江西人民出版社 2002 年版，第 117—118 页。

② ［德］汉斯·约纳斯：《技术、医学与伦理学——责任原理的实践》，张荣译，上海译文出版社 2008 年版，第 49—50 页。

③ Hans Jonas, *The Imperative of Responsibility-In Search of an Ethics for the Technological Age*, Chicago & London: The University of Chicago Press, 1985, p. 8.

为，"宇宙是一个浑然的整体。生物圈在宇宙的子宫内诞生，而心灵和意识又在生物圈内诞生。没有东西独立于任何其他东西。我们的身体是生物圈的一部分，它同这颗行星上的生命网络息息相关。我们的心灵是身体的一部分，他又同生物圈内的其他心灵相通"①。所以，欧文·拉兹洛（Ervin Laszlo）呼吁，为了改变世界，我们必须改变每个人自己，为此，我们需要一场意识革命：树立行星意识，培养行星级的责任心。这种行星意识，就是"知道并感觉人类的性命攸关的相互依赖关系在本质上的整体性，以及有意识地采用此产生的伦理和特有的精神"②。

（二）责任伦理：远距离的伦理

责任伦理是一种关注未来的伦理，故它也被称为"远距离的伦理"。不论是亚里士多德的德性论，还是基督教的良心论；不论是康德的义务论，还是密尔的功利主义；不论是罗尔斯的正义论，还是各种道德相对主义，所有这些伦理学都是一种人类中心主义的伦理学。它们都具有"在场"的特征，不论从时间还是从空间的角度来看都算是"近距离的伦理学"（或"近爱伦理"），它们所涉及的均是当代人之间的关系，更确切地讲，是同一种族、同一文化圈内的当代人之间的关系。而责任伦理是一种未来导向的伦理，一种"远距离的伦理"，其核心是：人们采取行动是为了一个当下的行动者、牺牲者和同时代人都无法享受的未来。现在的义务来自遥远的未来目的，而不是同时代人的幸福或痛苦。③ 因此，责任伦理表现出一种对未来的恐惧、担忧的特征。这种从长远、未来和全球化的视野探究我们的日常的、世俗—实践性的决断是一个伦理的创举，它是现代科技让我们承担的重任。当然，在这个科技时代中，旧的"近爱伦理"并不是不适用了，而是不够用了，新的力量要求要有新的伦理，即除了人际关系意义上的义务之外，还要有对人类的义务，特别是对未来人类的尊

---

① 方秋明：《欧文·拉兹洛的责任伦理学实践》，《兰州学刊》2003 年第 5 期。

② 方秋明：《欧文·拉兹洛的责任伦理学实践》，《兰州学刊》2003 年第 5 期。

③ Hans Jonas, *The Imperative of Responsibility—In Search of an Ethics for the Technological Age*, Chicago & London：The University of Chicago Press，1985，p. 7.

重与责任。简言之，道德的正确取决于对长远的、未来的责任。虽然在康德那里的道德关系是对称的、相互的，道德的客体必须同时也是道德的主体，但是今天我们对于未来人和自然的责任要求我们必须超越这个伦理的限制，因为，现代科技对自然的侵害已造成全球性的后果，人类对自然的掠夺肯定会导致我们后代的生存基础的毁灭。故而，约纳斯将责任原理的绝对命令表述如下："你的行为必须是行为后果要考虑到承担起地球上真正的人的生命持续的义务。"其否定形式的表达是："你的行为必须是行为后果不能破坏地球上人的生命的未来的可能性。"①

　　虽然传统伦理学也讨论责任，但它们讨论的只是对过去和现在的责任。现代科技的发展要求伦理学同时探讨对未来的责任。从这个意义上说，责任伦理是一种连续性伦理。可是，我们为什么要对未来承担责任呢？正如前文的论述，现代科技的发展赋予了人类前所未有的力量，这种力量对于未来的威胁已经超出了人们的计算和想象。而今天的我们又是未来条件的肇始者，所以我们就从预期的未来的人存在权利那里产生了相应的责任。约纳斯以父母对子女责任的生动原型向我们论证了人们应该对未来人负责的问题。他认为："责任是一种非交互的关系，即非对等的关系；责任并非奠定在对等、相互的关系之上，所谓担负责任是指：为某人或某事负责而不要求有所回报。"② 父母对子女的责任就是一种非对等性的责任，因为父母养育子女，并不求回报，子女在成年之前也不需向父母负责。父母之所以对他们的子女具有不可推卸的责任是因为，在不可逆的关系中，要求庇护的是弱者，而承担庇护责任的是有行动能力的强者。相对于当代人而言，自然和未来的生命也是弱者，尤其在现代科技赋予当代人的强大力量面前，作为弱者的自然和未来的生命更需要我们当代人承担起自己的责任。③ 因而，当我们想到父母对子女的责任时，应该会在内心

---

　　① 张旭：《技术时代的责任伦理学：论汉斯·约纳斯》，《中国人民大学学报》2003年第 2 期。

　　② 甘绍平：《应用伦理学前沿问题研究》，江西人民出版社 2002 年版，第 116 页。

　　③ 张旭：《技术时代的责任伦理学：论汉斯·约纳斯》，《中国人民大学学报》2003年第 2 期。

涌起一种为未来人负责的崇高感。

（三）责任伦理：自我限制的伦理

责任伦理还十分强调自我限制的重要性。因为，人类从前现代时期继承下来的道德仅仅是亲近（行为）道德，在当下这个现代科技渗透于生活方方面面的社会中，这种道德是如此令人痛苦地不恰当。如果没有任何帮助，个体的道德想象力就很难预知其行为可能的后果。当然，传统的伦理也不要求人类的道德想象力延伸得那么远，一旦对极亲近的人负起并履行了责任，我们的道德良知就可以满意地休息了。比如，道德责任促使我们去关心小孩的吃饭、穿衣，然而，当面对一个枯竭的、变干的、发展过快的星球令人麻木的景象时，道德就不能给我们提供更具有实践意义的建议。因此，我们不能再依赖于道德能力，而不得不解决责任问题。① 它迫使我们阐发一种伦理、一种责任意识：它要人类通过对自己力量的"自愿驾驭，而阻止人类成为祸害"。它甚至要求人们对道德观念从某种意义上重新加以定义：道德行为的根本任务并不在于"实践一种最高的善，而在于阻止一种最大的恶；并不在于实现人类的幸福、完美与正义，而在于保护、拯救面临着威胁的受害人"。简言之，面对现代科技的伦理困境，责任伦理要求我们自我限制，要求对恶、厄运的预防比对善、幸福的追求具有优先性。

之所以需要这种自我限制是因为：其一，现代科技并非只有当它恶意地滥用时，才有危险，即便当它被善意地用于其本来的和最合法的目的时，它仍有其危险的、能够长期起决定作用的一面。其二，对于那些真正重大的不可逆事件，触及全人类行动的根基，我们确实绝不允许任何失误。我们必须承认在重大永恒的事件中凶兆比希望的分量重，并要避免末日前景。其三，技术在任何时间进行纠正将越来越困难，并且纠正的自由也将越来越受限制。这增强了早期警戒的责任，我们有充分的理由相信，

---

① ［英］齐格蒙特·鲍曼：《后现代伦理学》，张成岗译，江苏人民出版社 2003 年版，第 255—256 页。

与希望相比，应优先考虑大灾难的可能性，即使考虑希望的理由同样充分。其四，在这场风险游戏的赌注中，人们所关心的问题不再是权衡有限的得失机会，而是把无限损失的风险与有限获得的机会进行比照。① 因此，我们需要反对一切形式的狂热的目标行为，反对为了实现所谓的大同世界而将人类置于危难之中，从而指出节制、审慎的行动应成为责任伦理的核心。不论寻求中的道德将会是其他什么样子，首要的、最重要的一点就是，它必须是一种自我限制的伦理。

三、忧惧启示法：责任伦理的教育建构

责任伦理是应对现代科技伦理困境而提出的伦理，这种伦理怎样才能通过教育来实现呢？约纳斯曾提出了一种称为"忧惧启示法"的尝试。

（一）忧惧启示法的教育意义

忧惧启示法的基本思路是：在遥远的、偶然性的责任的教育中，我们需要关于人的形象的各种具体的凶兆，通过对它们的畏惧来使我们确保人的真正形象。这种先于知识而起作用的情感突变使我们意识到危险，并教我们理解这种价值。忧惧启示法对责任伦理的教育有着重要的意义。因为，只有当人类对自身无所限制的行为后果产生巨大恐惧之时，人类才可能自我限制，承担起对自身和自然的当下和未来的责任。人类是这样被创造出来的：对我们而言，认识恶绝对比认识善容易，因为恶更加直截了当，更有紧迫性，人们对它的看法也少有差异，最重要的是，无须我们去寻找，它自己就会跳出来。而善却总是默默地存在着，并不为人知，除非我们对其有所省视。② 因此，约纳斯认为，未来的伦理学应当被对恐惧的探索所引导，探索恐惧在其顺序上隶属于不确定性原则——"对厄运的预测被给予了比对幸福的预测更多的注意"。对于危险和不断积累的危险

① Hans Jonas, *The Imperative of Responsibility—In Search of an Ethics for the Technological Age*, Chicago & London：The University of Chicago Press, 1985, pp. 31-34.

② Hans Jonas, *The Imperative of Responsibility—In Search of an Ethics for the Technological Age*, Chicago & London：The University of Chicago Press, 1985, pp. 26-27.

的探索来说，"首先迫切需要的是维持和预防的伦理学而不是进步和完善的伦理学"①。伊格纳蒂夫说："在 20 世纪，人类的共性与其说是对生活的希望，不如说是对未来的恐惧；与其说是对自身能够行善的信心，不如说是对自身能够作恶的害怕"。② 从这个意义上说，责任伦理的实现要求教育应先于我们的希望考虑我们的恐惧，以了解我们真正渴望什么。当然，尽管忧惧启示法不是教育的最终出路，但是它至少是极为有用的最初路径。

其实，忧惧启示法并不是一个全新的事物，托马斯·霍布斯（Thomas Hobbes）早在三百多年前就已经做出了思考，他把自己的伦理学建立在对"自然状态"恐惧的基础之上。霍布斯认为，"伟大的和持久的社会原型并不由人与人之间的相互亲善构成，而是由人与人之间的相互恐惧构成"③，因此，公民社会的关键在于必须正确地引导人们的恐惧情绪，教会人们对一些特定的事情感到恐惧④。当然，霍布斯的理论有其时代背景，但是，时代的局限并不妨碍其理论给我们的启示：人类对于恐惧的感知或想象也可以成为道德实实在在的基础。例如，人类对自身无所限制的行为后果的恐惧，会让人类产生对放纵行为的限制；人类对自我中心的后果的恐惧，也会促使人类做出利他的行为。保罗·里克尔（Paul Ricoeur）更是说道："……人类有机整合的部分，即公共的部分，也许本身就不可能超越对惩罚的害怕，而且人类正是利用害怕这一必不可少的手段，才朝着一种不同的有点超越伦理的秩序前进，在那里，害怕才有可能完全与爱相融合。"⑤

---

① ［英］齐格蒙特·鲍曼：《后现代伦理学》，张成岗译，江苏人民出版社 2003 年版，第 259—260 页。

② 转引自［挪威］拉斯·史文德森：《恐惧的哲学》，范晶晶译，北京大学出版社 2010 年版，第 122 页。

③ 转引自［美］柯瑞·罗宾：《我们心底的"怕"：一种政治观念史》，叶安宁译，复旦大学出版社 2007 年版，第 40 页。

④ ［挪威］拉斯·史文德森：《恐惧的哲学》，范晶晶译，北京大学出版社 2010 年版，第 120 页。

⑤ ［法］保罗·里克尔：《恶的象征》，公车译，上海人民出版社 2003 年版，第 46 页。

（二）忧惧启示法的目的和任务

在教育中使用忧惧启示法的目的在于培养人们的整体、未来意识和节制精神。既然我们都是现代科技的共同当事人，都靠着现代科技甚至其滥用的成果生活，那么，我们每个人就应为改变危险现状做点事情。虽然变好还是变坏这些重大的、看得见的决定将在政治层面上做出，但是我们还是可以从自身开始，悄悄地为此准备基础。① 因此，就责任伦理的实现而言，我们必须进行一种意识教育，其目的在于培养我们心中的整体、未来意识和节制精神。换言之，我们需要在恐惧的启示下，从中引申出新型的、时空范围皆需极大扩展的责任意识以及人类应该承担的道德义务——自愿节制、审慎行动和积极防御。②

如何才能够实现这样的目的呢？忧惧启示法给教育提出的第一任务，就是引导人们想象技术行动的长远后果。因为，技术行动的长远后果在其行动之前或之初，并未出现，甚至在过去和现在的经历中也没有类似物，所以，想象的恶就不得不取代经验的恶的角色。③ 由于这种想象并不会自动发生，故而教育还应有目的地引导。教育需要借助已经存在的恶，通过理性和想象的努力，以便能在人们的心中"灌输"我们所需要的能够指导我们的恐惧。具体而言，教育可以最大限度地通报科技研究及其应用的后果，建构一种危机景象。这里的"最大限度"包含着"科学推论与生动想象的结合，因为只有在抽象的量和具体的质，达到饱和状态时，客观的知识才能赢得力量，去限制我们如此强烈地受眼前利益驱动的行为"④。而所谓"危机景象"指的是对某种或某些行为可能造成的严重后果的预测和展示。其实，通过危机景象激起人们的恐惧心理以达到改变人们行为

---

① ［德］汉斯·约纳斯：《技术、医学与伦理学——责任原理的实践》，张荣译，上海译文出版社 2008 年版，第 52 页。

② 刘科：《汉斯·约纳斯的技术恐惧观及其现代启示》，《河南师范大学学报》（哲学社会科学版）2011 年第 2 期。

③ Hans Jonas, *The Imperative of Responsibility—In Search of an Ethics for the Technological Age*, Chicago & London: The University of Chicago Press, 1985, p.27.

④ ［德］汉斯·约纳斯：《技术、医学与伦理学——责任原理的实践》，张荣译，上海译文出版社 2008 年版，第 43 页。

的目的，被广泛地运用于各种人类活动中。心理学的研究指出，若对自己具有的某种特定的有害健康的行为或缺乏某种特定的有益健康的生活习惯感到恐惧，人们就会改变有害健康的行为，养成有益的生活习惯。当然，同一般积极恐惧一样，利用危机景象激发的恐惧只有在一定的范围内才能有效。因此，在教育中，我们可以将现代科技的长远影响可视化。因为，威胁的可视化可以唤起人们恐惧，提醒人们重视某些重要因素[1]，比如，单纯对违规司机讲授违反交通法规的危害，向其提供每年因此丧生的数据等，听者往往无动于衷，但是如果向违规司机展示交通事故的照片和视频会更加有效果。

忧惧启示法给教育提出的第二任务是激发一种适于这种想象的图景的恐惧情感。过去，恐惧在教育中的威望不高，因为它是胆怯者的一个缺点，现在它必须受到尊敬，对它的崇拜甚至要成为伦理的义务。换言之，"小心谨慎成了更高一级的德行，而勇敢的价值退居其后了"[2]。因为在今天，为了阻止现代科技的失控发展对当下和未来的自然以及人类自身的伤害，小心谨慎在我们的习惯中就是非常必要的了。霍布斯曾提出，以对大恶的恐惧，即对暴死的恐惧，取代对至善的热爱，并把它作为道德的起点。这是一种很好理解或想象的恶，它曾经存在或潜在地存在过，因此，它的巨大威胁，能激起我们天生的自保本能的最强烈反应——极度恐惧。然而，想象中未来人的命运，更别说这个星球的命运，既不会影响我们，也不会影响任何别的可以通过爱或共存的纽带与我们有联系的人，因而也就不会影响我们的情感。比如，在电视中观看车祸惨状远不如亲临车祸现场所带给人的恐惧来得强烈。当然，这里谈论的恐惧确实不能是霍布斯那种"病理学"的恐惧，使我们在面临它的对象时强有力地摧垮我们，而应是一种精神性的恐惧，在某种意义上，它是关于我们自身的深思熟虑的态度。我们应培养这种态度，应教化灵魂，使之一想到子孙后代的可能命

---

[1]　周全：《学校恐惧论》，华东师范大学博士学位论文，2013年，第98—99页。
[2]　[德]汉斯·约纳斯：《技术、医学与伦理学——责任原理的实践》，张荣译，上海译文出版社2008年版，第44页。

运和灾难就感到战栗。因此，教育需要让我们拥有这样一种情感的准备：面临仅仅是关于人类命运的遥远预测的恐惧刺激时，发展出一种开放的态度——一种新的教育感情①。换言之，教育"应培养一种由审思的态度产生的恐惧，即通过对危机愿景的审思，使人们的灵魂受到未来生活的幸福或不幸的影响"②。

恐惧毕竟是一种消极的情绪，在教育这个特殊的场域中，如果使用不当，会造成无法挽回的后果，因此，在教育中使用忧惧启示法是有限度的。后文将对此作详细展开，此处不再赘述。

第四节　在"伦理"与"道德"之间：风险社会中道德教育的应然选择

风险社会形成的过程中，我们的道德发生了怎样的变化？道德教育又该如何应对这种变化呢？

一、现代社会③对"伦理"的渴求

纵观历史，在任何时代，人类都会体验到不确定感，因为绝对的确定性永远只是一种幻想。约翰·杜威（John Dewey）就曾说过，人类的"实践活动有一个内在而不能排除的显著特征，那就是与它俱在的不确定性"④。由于不确定感终究是难以忍受的，所以人类一直都在积极地寻求确定性。在现代社会中，人类对确定性的寻求达到了一个全新的高度，他们试图消除一切不确定的因素。所以，在现代社会中"建立秩序的任务

---

① Hans Jonas, *The Imperative of Responsibility-In Search of an Ethics for the Technological Age*, Chicago & London: The University of Chicago Press, 1985, p. 28.

② 周全：《学校恐惧论》，华东师范大学博士学位论文，2013 年，第 99 页。

③ 这里所说的现代社会指的是贝克所说的古典工业社会，或者说是现代社会的初级阶段，风险社会是现代社会的高级阶段。

④ ［美］约翰·杜威：《确定性的寻求——关于知行关系的研究》，傅统先译，上海人民出版社 2005 年版，第 3—4 页。

凸现出来"①。现代人认为，"'无序'是一种非规范和例外的状态，一种危险的状态，一种充满'危机'和弊病的状态"②，为了确保有序的至高无上性，必须做到边界分明、标志清晰，这意味着必须压制或根绝一切含混之物。

如果说对确定性的追求是现代社会的显著特征，那么在道德领域则表现为对"伦理"的热衷。这里的"伦理"是指什么呢？"在观念上，伦理是一种法律体系，它对普遍正确的行为做出判定，还将正义和邪恶断然分开"③，在其指导下，人们在行动时只是运用他们所信守的规范，因为他们被告知遵守规范就是一种善行。在现代社会中，之所以会出现"伦理"对"道德"的僭越，其根源是现代人对道德选择的不确定性的恐惧。如果对这种不确定性不能加以缓解和宽慰，那么独自面对道德选择的挑战将伴随着巨大的痛苦。宗教曾经帮助人们摆脱过这种痛苦，它现实地认同了罪的不可避免，并致力于通过与赎罪的许诺相联结的明确的悔罪规定来缓解痛苦。在现代社会中，人们则认为人类世界不仅可以消除罪人，而且可以消除罪本身；不仅可以消除做出错误选择的人，而且可以消除错误选择的可能性，这就是用伦理的规则代替自主的道德选择的实际意义。④ 换言之，现代人试图以普遍性的伦理解决道德原初场景的不确定性、模糊性，建构"一种并且是惟一的一种相互一致的箴言，这种箴言应该被任何有道德的人所遵守"⑤。因此，"现代是并且不得不是伦理的时代"⑥。

① ［英］齐格蒙特·鲍曼：《现代性与矛盾性》，邵迎生译，商务印书馆 2013 年版，第 7 页。

② ［英］齐格蒙·鲍曼：《生活在碎片之中——论后现代道德》，郁建兴等译，学林出版社 2002 年版，第 5 页。

③ ［英］齐格蒙·鲍曼：《生活在碎片之中——论后现代道德》，郁建兴等译，学林出版社 2002 年版，第 2 页。

④ ［英］齐格蒙·鲍曼：《生活在碎片之中——论后现代道德》，郁建兴等译，学林出版社 2002 年版，"序"第 2—4 页。

⑤ ［英］齐格蒙特·鲍曼：《后现代伦理学》，张成岗译，江苏人民出版社 2003 年版，第 25 页。

⑥ ［英］齐格蒙·鲍曼：《生活在碎片之中——论后现代道德》，郁建兴等译，学林出版社 2002 年版，第 31 页。

事实上，对于"伦理"的热衷也意味着不相信个体自己会做出善恶的选择。这种不信任造成了双重的后果：一方面，形成了一种用法律般的准则取代道德的情感、直觉和自主自我所产生的强烈要求的趋势；另一方面，形成了一种"不置可否"的趋势，即免除了相当大一部分人行为的道德判断。① 因此，鲍曼说，道德关注的焦点已经从道德行为者的自身审视转移为制定伦理准则的规定和禁令的哲学/政治任务；同时决定实际行动是否符合责任要求的责任也已经从道德主体转移到超个人的代理机构，它们被授予唯一的道德权威。② 在现代社会中，我们又如何能确保人们遵守权威制定的伦理规则呢？这主要依赖两个强大的机构，即官僚机构和商业机构。这两个机构"一心要消灭情感或至少禁止它们进入人们的内心"③。官僚机构通过程序理性来实现这一目的，商业机构则通过工具理性来实现，这种理性只考虑某种方式所能达到的最大可能的结果，道德问题并不是它所考虑的。让人忧心的是，对于道德行为者而言，这种转移是很富有吸引力的，因为它可以把含糊的、人所共知的不确定的责任缩小为一张有限义务或责任清单。④

二、风险社会中"道德"的再显现

在现代社会中，人们试图通过普遍性的伦理来摆脱道德选择的不确定性，但是，在风险社会中，普遍性的伦理遭遇了人们的挑战并逐渐丧失了效力，这又让人们感受到了原初的道德焦虑。事实上，这次回归既提供了人类道德发展的契机，也带来了新的挑战。积极地看，"伦理"解构之时恰恰是"道德"生长之时。在伊曼努尔·列维纳斯（Emmanuel Levinas）

① ［英］齐格蒙·鲍曼：《生活在碎片之中——论后现代道德》，郁建兴等译，学林出版社 2002 年版，第 109 页。

② ［英］齐格蒙·鲍曼：《生活在碎片之中——论后现代道德》，郁建兴等译，学林出版社 2002 年版，"序"第 4 页。

③ ［英］齐格蒙·鲍曼：《生活在碎片之中——论后现代道德》，郁建兴等译，学林出版社 2002 年版，第 301 页。

④ ［英］齐格蒙·鲍曼：《生活在碎片之中——论后现代道德》，郁建兴等译，学林出版社 2002 年版，"序"第 4—5 页。

看来，"道德"是一种对他者的绝对责任，它存在于理性之思之前，我们之前所追求的确定性伦理都是对"道德"之牺牲精神的遮蔽。鲍曼也说，"我仍然相信对确定性的阻抑是道德之收获"①，因为这种境遇给了道德自我生长的机会，给了道德自我承担道德责任的机会。事实上，道德选择是内含不确定性的，在行为和行为后果之间总有一个时间上和空间上的巨大鸿沟，我们不能用我们固有的、普遍的知觉能力对此进行预测②，对行为后果的测评反而可能阻碍了道德能力的生长。相反，当我们在无法逃避的情境直面道德本身时，我们才可能真正承担起道德的责任。因此，"伦理"的危机并不必然预兆"道德"的危机，"伦理时代"的终结也并非就明显地意味"道德"的终结，相反，它迎来了"道德时代"。

当然契机中也蕴含着挑战，在风险社会中，人们的道德生活并没有因此变得更容易。随着预先设定的善恶的分界线已不值得信任，人们必须直接面对他们道德选择的责任，然而这份责任并不轻松。一方面，我们已经习惯于依赖规则，规则的丧失会让我们感到脆弱和无助；另一方面，道德选择的责任并不允诺一种乐天知命的无忧生活，相反，它还会制造困境，让我们感到不快、焦虑和痛苦。事实上，如果每一条善恶标准都规定得明确无误，那么选择的模糊性所带来的忧虑或许会相对较小，但是，道德责任自始至终都充满了模糊性，它没有任何明确的界限，也不容易转化为可操作的或克制着不去做的步骤，它的每一步都包含着难以预见和更难事先评估的后果。③

在风险社会中，原初的道德责任又回到个体的肩上。在列维纳斯看来，它是一份对于他者的责任。可是为什么我要对他者负责呢？因为他者是"柔弱"的。在伦理的视域中，他者并不以一种更高的权力来抵抗我，

---

① ［英］齐格蒙特·鲍曼：《后现代伦理学》，张成岗译，江苏人民出版社 2003 年版，第 261 页。

② ［英］齐格蒙特·鲍曼：《后现代伦理学》，张成岗译，江苏人民出版社 2003 年版，第 20 页。

③ ［英］齐格蒙·鲍曼：《生活在碎片之中——论后现代道德》，郁建兴等译，学林出版社 2002 年版，"序"第 2 页。

而是以一种极端的软弱来抵抗我。列维纳斯将他者的这种抵抗方式称为"伦理的抵抗"。这种伦理的抵抗是通过他者的"裸露"来实现的，其"裸露"的方式就在于他者的"面孔"，我们正是在与他者的"面对面"中得以向其无限"亲近"的。"面孔"其实就是一种言说，当我们与"面孔"遭遇的时刻，当我们被贫困者无助的、裸露的双眼"注视"的时刻，我们感受到的是一种强烈的质疑、命令和要求。① 从这个意义上说，对他者的责任在最深层的意义上而言是一种道德冲动。"面孔"是作为一种衡量我的道德标准而出场的，它唤起了"我"的道德自我意识，在负疚的内心的引导下，我不仅为自身的行为，更是为他者负起责任和义务②。不过，承担他者的责任并不意味着主体性的丧失，相反，在道德意义上，主体之为主体就体现在为他者负责上。我为他者负责，把他者作为一个独特的、值得尊重的主体来对待，由此反证出我自身的主体性，反证出我的人道性和伦理性，反证出我的不可消解性，这恰恰是主体性高扬的体现。

三、风险社会中道德教育的应然选择

从现代社会对"伦理"渴求，到风险社会中"道德"的再现，此时的道德教育应该如何选择呢？本书认为，道德教育的基点应该在"伦理"和"道德"之间。

（一）道德责任与伦理规范的互补

一方面，我们要把握风险社会中"道德"再现的契机，把它当作培养个体道德自治能力、主动为他者承担道德责任的契机；另一方面，我们也要看到道德选择的不确定性和高成本性。风险社会是现代社会的高级阶段，在这样一个复杂的、充满不确定性的陌生人社会中，如果没有某些共

---

① 黄瑜：《他者的境遇——列维纳斯伦理形而上学研究》，中国社会科学出版社 2014年版，第 148 页。

② 黄瑜：《他者的境遇——列维纳斯伦理形而上学研究》，中国社会科学出版社 2014年版，第 149 页。

同的底线伦理，事事都要依靠个体的道德选择，那么我们的生活将是不可想象的。

其一，承担道德责任与人之德性的实现。德性是人作为一种精神性存在的核心部分，它是道德主体的一种内在品质，标识的是道德人格的某种精神境界。它与伦理性规范的外在性质恰成对照。与伦理规范的他律性不同，德性具有自律性①。在现代社会中，人们在规则体系制造的"全景监狱"的控制下，摆脱了不确定性的焦虑，但是随之而来的是害怕违规的焦虑，以及由此产生的"平庸之恶"（阿伦特语）。相反，承担起个人的道德责任则有利于彰显人之德性。尼采之所以厌恶并拒绝成文法规而喜爱并倡导没有伦理的道德，目的就是要显示人性的高贵。他说："'低贱和卑微'的人反道德而求助于法规，它要求法律（制约性法规、禁止性法规）的强制力量来弥补无能。因此，恰恰是弱者、普通人、没有天赋、无能的人创造了法规指导下的道德而且一直把它用作反对那种符合贵族要求的道德的攻城槌。"② 换言之，伦理规范通过提供确定性的标准，反而剥夺了人实现卓越的可能，相反，只有在充满不确定性的道德情境中，主体才能通过承担自己的道德责任来显示人的德性。

其二，遵守伦理规范与生活成本的降低。在现代社会之前，由于人们对世界的认识和控制极为有限，因而常常会被世界的不确定性所困扰。在现代社会中，由于人们对世界的认识加深，以及各种人为秩序的制定，使得人们摆脱了这种不确定性的困扰。现代社会中的伦理规范同样也提供了某种确定性，降低了人类生活的成本，缓解了人类道德选择的焦虑。在风险社会中，由于普遍性伦理规范受到了多元化主体的质疑，此时，我们无法再期望"立法者的明智和哲学家的聪颖能使我们从道德困境和决断的不确定性中一劳永逸地解脱出来"③，相反，原来由普遍性伦理规范控制

① 李佑新：《走出现代性道德困境》，人民出版社 2006 年版，第 145 页。

② ［英］齐格蒙·鲍曼：《生活在碎片之中——论后现代道德》，郁建兴等译，学林出版社 2002 年版，第 35—36 页。

③ ［英］齐格蒙特·鲍曼：《后现代伦理学》，张成岗译，江苏人民出版社 2003 年版，第 36 页。

而消除的不确定性的焦虑，"必须通过每个人自己的方式来克服"①。从这个意义上说，在风险社会中，个人承担起道德责任虽然能够显示人的高贵性，但是如果事事都依赖于个人的道德选择，将使个人的生活变得十分困难。为了降低生活的成本，我们必须重新建构某种共同的底线伦理。当然这种共同的底线伦理不能再像以往一样由某些权威制定，而应该由生活中交往的主体通过商谈来确定。在风险社会中，各行为主体一方面坚持主体自身的需求与意志，同时又能自觉地把交往对方的需求与意志表达视为一种具有同样有效性、合理性的要求。这样，交往双方就能在一种沟通与对话的环境中，通过不断调整自我并促使对方调整自身的立场、需求及其自觉意识，而达成意见一致的共识，逐渐形成共同认可的行为规范②。

虽然共同的底线伦理的"道德性"程度较低，但是由于风险社会是一个普遍交往的陌生人社会，在这种社会中，人们很容易倾向于只享受自己的权利而不履行自己的义务。因此，社会正义相对于人之美德而言，无疑具有优先性。因为，只有当人们明确了权利和义务的界限时，那些不计权利而履行义务甚至牺牲奉献的美德行为才能清楚地展示在人们面前，从而给人以道德上的鼓舞和激励。相反，在一个没有制度性框架公正地分配权利与义务的社会中，即使有人从事某种崇高的行为，往往也不会被人们所崇敬，反而会被讥讽为迂腐、傻帽。③ 因此，共同的底线伦理虽然在"道德性"的程度上要低于个体性道德，但是它在风险社会中却具有基础性、优先性的地位。

（二）承担道德责任的教育

既然承担道德责任和建构共同的底线伦理对于风险社会而言都是必需的，那么道德教育就应该从这两个方面入手。就前者而言，我们应该开展承担道德责任的教育。虽然许多人在绝大多数时候，在没有规范证明其正

---

① ［英］齐格蒙·鲍曼：《生活在碎片之中——论后现代道德》，郁建兴等译，学林出版社 2002 年版，第 124 页。

② 李佑新：《走出现代性道德困境》，人民出版社 2006 年版，第 115—118 页。

③ 李佑新：《走出现代性道德困境》，人民出版社 2006 年版，第 141 页。

确性的情况下能够做得很好，但是我们中的大部分人更多时候还是倾向于依据常规行事，只要没有人没有事情阻止我们遵循"惯例"，我们就会一直这样下去。① 在风险社会里，这种"惯例"被打破了，人们不得不直面道德问题，不得不承担起道德责任。在传统社会里，人在社会结构中的地位与角色都由习俗所决定，与之相应的责任也是习俗性的。在现代社会里，社会结构则是人的理性构造物，与之相应的责任也是基于普遍理性的。郑富兴认为，前者是"习俗性责任"，后者是"类理性责任"，但是，无论是习俗社会结构还是人造的社会结构，对个人而言，都是一种外在性的、强制性的结构②，因此，这种责任也是一种外在强制的责任。在风险社会中，责任则从外在走向内在，从为外在社会结构负责到为自己负责，这种责任的变化也是一种从伦理责任到道德责任的变化。

　　然而，个体对结构的抵制或者结构的约束力式微，并不能等于个体自我负责的自然出现。道德责任需要自由、自愿、能力等条件。一方面，个体既有选择独自承担道德责任的自由，也有逃避独自承担道德责任的自由；另一方面，并不是每个人都有足够的能力独自承担道德责任。因此，个体承担道德责任只是一种理论上的可能与构想，还需要通过道德教育将这种可能与构想转换为现实。③ 在西方文化里，"责任"在词源上来自拉丁文，即"respond"，意味着回应或响应。责任被认为是回应或响应的能力，即"责任＝回应＋能力"。因此，责任具有两个维度：回应与能力。前者是指行动的意愿，后者是指行动的能力。④ 从责任的内涵出发，在风险社会中承担道德责任的教育应从这样几个维度来进行：其一，激发责任的情感。因为面对他人的困境，道德的回应是需要爱等积极情感支持的，相反，麻木和

---

　　① ［英］齐格蒙·鲍曼：《生活在碎片之中——论后现代道德》，郁建兴等译，学林出版社 2002 年版，第 3 页。

　　② 郑富兴：《责任与对话——学校道德教育的现代性思考》，中国社会科学出版社 2011 年版，第 215 页。

　　③ 郑富兴：《责任与对话——学校道德教育的现代性思考》，中国社会科学出版社 2011 年版，第 227 页。

　　④ 郑富兴：《责任与对话——学校道德教育的现代性思考》，中国社会科学出版社 2011 年版，第 219 页。

冷漠等消极情感是产生不了积极回应的，因此，教育需要激发人的责任情感，具体而言包括自爱、爱人、同情、愧疚、勇敢品质的培养等。其二，培养责任的能力。光有情感而没有能力，在面对需要承担道德责任的情境时，人们往往会有一种爱莫能助的无力感，这种感觉是难以忍受的，所以人们往往会通过合理化的思维方式去压抑它，压抑之后就是道德冷漠的产生，因此，教育还需要提升人的道德能力，具体而言包括道德判断能力和道德行动能力等。其三，提升道德的智慧。承担道德责任往往需要人际的互动，这意味着承担道德的实践是不能没有智慧的。亚里士多德就曾认为，完整的德性应该包含伦理的德性和理智的德性，前者与习惯有关，后者则与智慧有关。在现实的情境中，我们也经常看到好心做坏事的情况，因此，教育需要引导学生在承担道德责任的实践中不断地提升道德的智慧。

（三）培养对话能力的教育

除了开展承担道德责任的教育外，我们还需要培养学生的对话能力。既然降低生活成本的共同的底线伦理不是强加于个体，而是基于自愿的商谈，通过平等的商谈、对话、交流而达成的，那么在风险社会中就应当致力于学生对话能力的培养。对话不同于争吵和辩解，而在于移情和理解，对话双方只有站在彼此的立场上，将心比心或设身处地，彼此之间才能形成价值共识和互识。[①] 马丁·布伯（Martin Buber）曾说，"我与你的对话不仅是言语上的你来我往，而是寓于'生活深处'的具体体验"。这意味着对话双方作为有思想、有情感的生命体亲临在场，主动投入，充分展开思与思的碰撞、情与情的交融、心与心的相互悦纳。真正的对话体现的是对话主体间视界的融合、精神的相遇、理性的碰撞和情感的交流，是对话主体各自向对方的"精神敞开"和"彼此接纳"。[②] 关于对话能力的培养，我们不仅需要在品德学科中进行，而且还需要在其他学科的教学以及

---

① 冯建军：《差异与共生：多元文化下学生生活方式与价值观教育》，四川教育出版社 2010 年版，第 274 页。
② 转引自冯建军：《差异与共生：多元文化下学生生活方式与价值观教育》，四川教育出版社 2010 年版，第 275 页。

日常的教育活动中进行积极渗透，因为只有整个教育都尊重学生的主体性地位，并把对话的精神与教育相融合，才能真正有效地培养学生的对话意识和对话能力。

为了有效地培养学生的对话能力，学校还需要做到以下两点：

其一，培养道德宽容意识。因为，对话的顺利进行离不开道德宽容意识。在风险社会中，个体需要直面道德情境的不确定性和复杂性，作为自我选择的主体，我们必须学会判断、学会选择。但是，这种主体不是单子式的个人主体性，而是一种主体间性的共在主体性，别人是与"我"同样的主体，具有同样的自由和平等的权利、地位。此外，共同的底线伦理的教育，也不能采用传统社会中的灌输和强迫认同的方式，而只能尊重人的道德主体地位，以一种平等协商、对话的形式来进行，因此，在风险社会中，我们需要培养学生的宽容意识。培养宽容意识，首先要使人正确地认识差异，尊重差异和多样性，不要试图排斥、消除差异和多样性；其次，要树立一种平等的意识；再次，要树立一种对自由尊重的意识；最后，宽容意识还意味着具有一种全球的人类意识。①

其二，构建学校的公共生活空间。对话有赖于社会性公共空间，即公共领域。所谓公共领域，指的是具有不同利益需求的人们在交往实践中构筑起来的共同的生活世界。具体来说，它有这样几个特点：第一，公共领域中最重要的事实是不同主体的"共在"；第二，不同主体的共同生活世界是由共同关注的对象而显现出来的；第三，公共领域的一个重要构成因素是自由，自由主要是指公众关注和讨论公共事务的自由；第四，公共领域的重要功能是形成共同价值与普遍性规范。② 在学校生活中可能没有严格意义上的公共生活空间，但是有很多准公共生活空间，比如，班会（班级会议的简称，而非班会课）就是一个准公共生活空间，在班会上学生可以就学校中或者班级中的公共问题进行对话交流，并形成某种共识。

---

① 冯建军：《差异与共生：多元文化下学生生活方式与价值观教育》，四川教育出版社 2010 年版，第 265—267 页。

② 李佑新：《走出现代性道德困境》，人民出版社 2006 年版，第 108—111 页。

第二章 恐惧和焦虑的社会心态与道德教育

在风险社会中，恐惧和焦虑是人们最显著的社会心态，面对这些社会心态，学校教育也不能袖手旁观，因为教育是人类超越恐惧和焦虑的重要方式。面对风险社会中"恐慌人"的形成，学校应该提供一个相对安全与平静的场所，一方面，可以防止儿童过早地接触社会中的恐慌，帮助他们形成健康的心性；另一方面，可以让他们在未来进入社会后，对社会中的恐慌提供相应的拉力。面对风险社会中人们的生存焦虑，学校教育应当引导人们体认借助自我的力量缓解生存焦虑的限度，因为人们往往盲目地相信单凭自我的力量就可以缓解生存焦虑。

第一节 教育：人类超越恐惧的重要方式

恐惧是人在感知或想象到危险即将来临时，产生的一种伴随着强烈的紧张与不确定感的情绪。教育是人类超越恐惧的重要方式。通过教育，人类可以消除不利于完满生活的恐惧，直面无法消除的恐惧，学会有利于完满生活的恐惧。抽象地看，这是因为教育具有文化继承、文化创造和文化批判功能。具体地看，这是因为教育可以提高人类把握世界的能力，从而缓解恐惧；提升人类反思自我情绪的能力，学会分辨合理与不合理的恐惧；增强人际间的团结，降低人际间的恐惧。现代教育就曾经帮助人类消除了某些古老的恐惧，尤其是因无知引发的恐惧。

一、超越恐惧及其必要性

超越恐惧不同于根除恐惧，根除恐惧是彻底把恐惧消除，而超越恐惧则包含了三个方面：其一，接受无法避免的恐惧；其二，消除不合理的恐惧；其三，学会合理的恐惧。简言之，超越恐惧就是要理智地对待恐惧。不少教育家在谈及恐惧时，也都采取了谨慎的态度。一方面，他们希望人类可以摆脱"恐惧的心态"，即对任何东西都极易感到恐惧的内在状态；另一方面，他们也希望人类可以学会某些合理的恐惧。洛克曾说："恐怖是一种情感，如果支配得法，也有它的用处。……假如我们见了灾难不知道害怕，对于危险不能做出正确的估计，却漫不经心，不管它是什么危险，不管有什么用处或结果，甘冒危险，这不是一个理性动物的果断的表现，只是一种兽性的狂暴而已。"① 伯特兰·罗素（Bertrand Russell）在细致地分析了如何消除儿童不合理的恐惧之后总结道："不存在非合理的恐惧显然是件好事，能具有控制恐惧之力也值得称道。但合理的恐惧若不存在，则是一个有待讨论的问题。"②

对人类而言，超越恐惧（理智地对待恐惧）是非常必要的。在人类漫长的进化过程中，恐惧一直扮演着重要的角色。人类如果不能理智地对待恐惧，就根本无法生存下去，更不要说获得幸福了。由于人是有限性的存在，他根本无法消除一切恐惧，比如"死亡恐惧"。对于这些无法消除的恐惧，人只有学会接受它，这意味着承认人之有限性，并把它当作实现人性完满的契机，即把"死"当作"生"的起点，把有限性当作无限性的起点。由于人又是文化性与非特定性的存在，社会文化会影响人类的恐惧，一方面，借助社会文化的力量，人类可以消除很多对自然的恐惧、对自身的恐惧以及对他人的恐惧；另一方面，文化也可能让人过度关注某些不合理的事物从而形成某些不合理的恐惧，也可能让人麻痹大意而丧失了某些合理的

① ［英］约翰·洛克：《教育漫话》，傅任敢译，教育科学出版社 1999 年版，第 93 页。
② ［英］伯特兰·罗素：《教育与美好生活》，杨汉麟译，河北人民出版社 2001 年版，第 38 页。

恐惧。例如，宗教在一定程度上消除了人的死亡恐惧，却让人又产生了"末世审判"的恐惧；科学让人消除了某些由于理解缺乏所引发的恐惧，却又制造了另一些人为的恐惧，比如"核恐惧"。因此，人类与恐惧的斗争将永远持续下去，这也就要求人类在任何时代都要学会理智地对待恐惧，即超越恐惧。

二、超越恐惧，教育何以必要

人类要想实现超越恐惧这一理想是离不开教育的，这是由人的境况与教育的本性所共同决定的。虽然人是脆弱的，但人却又不得不生活在这个危险的世界中，接受各种威胁的挑战，因此，恐惧将永远与人如影随形。但是，积极地看，恐惧也为人类接受教育提供了内在的动力，因为不接受教育，人的脆弱性将导致人无法在世界上生存；相反，接受教育，人就可以借助社会文化的力量超越脆弱性。"事实上，初生的孩子是那样不成熟，如果听任他们自行其是，没有别人指导和援助，他们甚至不能获得身体生存所必需的起码的能力。"① 从这个角度看，人类超越恐惧离不开教育。例如，现代教育使现代人掌握了科学知识，于是就能"使人类从欺诈、恐惧、迷信、过失中解脱出来"②。

虽然人的生命是有限的，但他对此却有自我意识并追求无限，因此，恐惧永远都是人存在的背景，人类无法彻底根除这种基于人之有限性的"死亡恐惧"。这也为人性的完满提供了契机，使得价值与意义对人类来说是如此的重要，因为人类只有在有限的生命中实现了最大的人生价值与意义，才能使得这种"死亡恐惧"得以升华，才能使得有限的生命得以丰富与延续，例如，"有的人死了，而他还活着；有的人活着，他已经死了"。然而，人类并不是天生就能领悟这种"死，而后生"的意义，人并不是天生就明白人生最伟大的价值与意义，人也不是天生就知道如何实现人生最伟大的价值与意义，这些都只有通过教育才能实现。从这个角度

---

① 〔美〕约翰·杜威：《民主主义与教育》，王承绪译，人民教育出版社 2001 年版，第 8 页。

② 〔美〕巴格莱：《教育与新人》，袁桂林译，人民教育出版社 2005 年版，第 29 页。

看，人类超越恐惧也离不开教育。

由于文化的影响，人类恐惧的种类和程度在不同历史时期会存在巨大的差异。而社会文化本身也有健全与不健全之分。所谓"健全的文化"，就是指有利于人超越其脆弱性（有限性）、超越"死亡恐惧"、实现人的自由与完满的文化。所谓"不健全的文化"，就是指有碍于人超越其脆弱性（有限性）、超越"死亡恐惧"、实现人的自由与完满的文化。这种不健全的文化甚至还会制造出许多人为的、不合理的恐惧。纵观人类不同历史时期的社会文化，它们常常并不健全。这是因为任何社会文化的形成都是一个非常复杂的过程：一方面，人之有限性使得人类产物的社会文化必然也具有某些有限性；另一方面，社会集团之间的矛盾与冲突也使得任何历史时期的社会文化常常并不能代表普遍人性，而只代表了某一集团的利益。因此，人类要想不断发展，要想实现人性的完满，就必须对不健全的文化进行批判与改造，使健全的文化得以诞生。杜威曾指出，教育是社会进步和改革的基本方法。因为改革如果仅仅依赖法规的制定或是惩罚的威胁或仅仅依赖改变机械的或外在的措施，就都是暂时性的、低效的，但是教育却是以一种健全的、简化的社会生活方式塑造一种良好的品格，通过具有这种良好品格的人再去过一种健全的社会生活，以此对社会进行改革。从这个角度看，人类超越恐惧更是离不开教育。

不仅人的境况与教育的本性共同决定了人类超越恐惧离不开教育，而且儿童时期的特殊性也决定了人类超越恐惧离不开教育。因为人类在儿童时期形成的"幸福和无忧无虑的、不为恐惧和担忧困扰的基本心境"对于他们今后超越恐惧是十分重要的。"情绪与其说是心灵表面无关紧要的游戏，不如说是所有个别成就得以产生和持续存在的根本基础。它总是以一定的方式解释和说明世界和生活的。它历来支配着我们把握事物和形势的方式"，并且"与成人相比，情绪对尚未成熟的儿童影响更大"。[1] 因

_____

① ［德］O. F. 博尔诺夫：《教育人类学》，李其龙等译，华东师范大学出版社 1999 年版，第 44 页。

此，儿童更需要生存在不受恐惧威胁的教育环境中，以便在安全的气氛中发展能力，形成对这个世界及生活在这个世界中的人的基本信任，他们只有真正长大，才有足够的勇气和能力来超越恐惧。从这个角度看，教育的必要性就体现在它要为人类超越恐惧打下安全感这一心理基础。

三、超越恐惧，教育何以可能

人类要超越恐惧必然离不开教育，可是教育又何以能够实现人类的这一理想呢？与一般环境相比，教育对人的影响有其特殊性。杜威认为，学校作为特殊的环境有三个显著特点："一是简化和安排所要发展的倾向的许多因素；二是净化现有的社会习惯并使其观念化；三是创造一个更加广阔和更加平衡的环境，使青少年不受原来环境的限制。"① 其实，教育能够实现人类超越恐惧的理想，不仅是因为学校是一个特殊的社会环境，而且因为任何应然的教育都具有三个文化功能。

其一，教育的文化继承功能，使得前人已经消除的恐惧得以延续。一般而言，人类在面对恐惧之物时，有两种方式可供选择：一是通过某种方式与恐惧之物达成妥协，例如祭祀、神话以及宗教等；二是通过某种方式征服恐惧之物，例如科学与技术等。如果前人通过两种方式之一消除了某些恐惧，新的一代出生后，必须继承前人的这些文化成果，否则人类就永远不能在前人的基础上继续前进，从而消除更多的恐惧。教育是人类文化得以继承的重要途径，通过教育，后人可以快捷、高效地继承前人的文化成果，使他们免于前人已经消除的恐惧。其实，通过教育不仅可以继承前人战胜恐惧的文化成果，而且还可以学习同时代其他文明的优秀文化成果，例如让现代人战胜恐惧的科学文化，就是源于西方。

其二，教育的文化创造功能，使得前人尚未消除的恐惧得以消除。任何一代人对自身以及世界的理解都是有限的，因此，光靠继承前人的文化

---

① ［美］约翰·杜威：《民主主义与教育》，王承绪译，人民教育出版社 2001 年版，第 29 页。

成果，借鉴其他文明的文化成果是不够的，还需要在继承前人、借鉴他人的基础上，通过进一步探索与发现，获得对自身和世界更全面的认识，而这有赖于新一代的文化创造。教育是人类文化创造的重要领域，通过教育，可以给传统的文化注入活力，使其焕发出勃勃生机，在新一代的文化生成中，他们对自身和世界有了更深的认识，从而消除那些前人不曾消除的恐惧。

其三，教育的文化批判功能，使得不合理的恐惧得以消除，合理的恐惧得以习得。教育不仅具有文化继承功能和创造功能，还具有批判功能。通过教育的文化批判功能，可以构建一种健全的学校生活：一方面可以帮助儿童消除不健全文化带来的不合理的恐惧；另一方面可以培养健全的未来人，使得不健全的社会文化得以改造。杜威认为，当学校"以反映未来社会生活的各种类型的作用进行活动，并充满着艺术、历史和科学的精神，在这样一个小社会里引导和训练每个儿童成为社会的成员，用服务的精神熏陶他，并授予有效的自我指导的工具时，我们将拥有一个有价值的、可爱的、和谐的大社会的最强大的并且最好的保证"①。学校对于社会的改造不仅体现在未来，而且体现在当下。因为学校与近邻环境有着密切的联系，它"是一个天然的合乎逻辑的社会中心，教师比起地区里其他工作的人，更有可能与儿童家长保持密切和自然的联系"②，所以"没有学校能够为着教育的意图利用社会上的各种活动而反过来这种利用不会影响近邻的居民的。……必须认识到，为福利提供的服务并不是遥远的，当学生长大成人后才出现的事，而是正常的、日常教育过程的一个部分"③。

抽象地看，教育具有文化继承、创造与批判的功能，这使得教育超越恐惧成为可能。具体地看，教育又具有哪些功能使得教育超越恐惧成为可

---

①　［美］约翰·杜威：《学校与社会·明日之学校》，赵祥麟等译，人民教育出版社1994年版，第41页。

②　［美］约翰·杜威：《学校与社会·明日之学校》，赵祥麟等译，人民教育出版社1994年版，第344页。

③　［美］约翰·杜威：《学校与社会·明日之学校》，赵祥麟等译，人民教育出版社1994年版，第344页。

能呢?

第一,教育可以提高人类把握世界的能力,从而缓解人类的恐惧。因为,恐惧始终伴随着强烈的不确定感,产生这种体验是由于人类对恐惧的对象还没有透彻的了解和把握。相反,如果人类对恐惧的对象有了透彻的了解和把握,那么人类的恐惧就会得到极大的缓解。教育的一项重要功能就是加深人类对世界的认识,增强把握世界的能力,因此,教育能够实现人类超越恐惧的理想。

第二,教育可以提升人类反思自己的情绪的能力,从而使人学会分辨合理与不合理的恐惧。人类与动物的区别就在于人类对自己的情绪体验有自我意识。随着自我意识能力的增强,人类分辨合理与不合理恐惧的能力也随之增强。教育的另一项重要功能就是加深人类对自己的认识,增加把握自我的能力。亚里士多德就曾说过,道德教化在很大程度上就是教会人们在适宜的场合产生恰如其分的情绪。我们必须学会控制情绪,以便对自身处境做出正确的判断,从而采取理性的行为①。从教育可以加强自我认识这个角度看,教育能够实现人类超越恐惧的理想。

第三,教育可以增强人与人之间的联系与团结,从而降低人与人之间的恐惧。人类不仅会对自然界中的种种危险产生恐惧,而且还会对同类产生恐惧。因此,人类不仅要超越种种对自然的恐惧,而且还要超越种种对同类的恐惧。教育除了具有认识世界和认识自我的重要功能,它还能够增强人际间的团结。因为,通过教育人类可以认识到共同生活的必要性,同时学会共同生活所必需的规则。如果说,共同的生活不仅可以让人类超越对自然界中种种危险的恐惧,而且可以让人类超越对同类威胁的恐惧,那么,教育就能实现人类超越恐惧的理想。

四、现代教育与古老恐惧的消除

现代教育是以科学知识为主要内容、以制度化为主要形式的教育,它

---

① [挪威]拉斯·史文德森:《恐惧的哲学》,范晶晶译,北京大学出版社 2010 年版,第 90 页。

是教育发展到一定的阶段才出现的。任何教育都在一定程度上帮助人类超越了恐惧，现代教育也不例外，并且现代教育在某些方面做得还很出色。

现代社会之前，人类的恐惧主要来源于对世界或自身理解的缺乏和控制的无力。很多在现代人看来非常平常的事物都可能引起古人巨大的恐惧。例如，一般而言，现代人对闪电并不感到恐惧，因为现代人知道它只不过是天空中的云相互碰撞的结果，但古人由于不理解其中的原理，闪电的出现常常会引起他们巨大的恐惧。段义孚在《无边的恐惧》中总结道，大体看来，"显得无所不能和难以预测的外在自然，是史前时代，古代文明、部落社会及传统社会中引起人类不安全感和恐惧的主要原因之一"①。而中世纪，或者漫长的封建时代，超自然的"上帝""天命"则是引起人类恐惧的主要原因，因为这些超自然的力量/事物是万物的主宰，如果违背了他们的意志，就将遭到严重的惩罚。自从文艺复兴之后，人被推到了前台，人的理性也就不必再忌讳上帝的旨意，由理性得出的结论不再是异端而成为科学②。从此，自然界和超自然界都"祛魅"了，它们仅仅成为人类认识和征服的对象，这也使得世界变得不再那么恐怖了。

在科学的统治下，基于科学的现代教育诞生。最著名的理论倡导者就是赫伯特·斯宾塞（Herbert Spencer），他明确地说："什么知识最有价值，一致的答案就是科学。"这是从所有各方面得出的结论。为了直接保全自己或是维护生命和健康，最重要的知识是科学；为了谋生也即间接保全自己，有最大价值的知识是科学；为了正当地完成父母的责任，正确指导的是科学；为了解释过去和现在的国家生活，使每个公民能合理地调节他的行为，所必需的钥匙是科学；同样，为了各种艺术的完美创作和最高欣赏所需要的准备也是科学；为了智慧、道德、宗教训练的目的，最有效的学习还是科学③。斯宾塞在这番近似宣言的独白中，为现代教育的内容

---

① ［美］段义孚：《无边的恐惧》，徐文宁译，北京大学出版社 2011 年版，第 64 页。
② 孙彩平：《道德教育的伦理谱系》，人民出版社 2005 年版，第 154 页。
③ ［英］赫·斯宾塞：《斯宾塞教育论著选》，胡毅等译，人民教育出版社 2005 年版，第 44—45 页。

奠定了科学的基础。不可否认，在现代教育以科学知识为主要内容之后，它确实在很大程度上帮助现代人克服了很多由于理解缺乏所引起的恐惧。

现代教育还从一个间接方面帮助现代人克服了某些古老的恐惧，这就是教育对象的普及。在古代，由于教育对象的局限性，很多儿童都无法接受教育，他们终生都处于无知的状态，因此，无知所引发的恐惧常常伴随着他们。在现代，由于教育对象的普及，正常情况下，所有儿童都能接受教育，这就使得更多的人可以免于无知所引起的恐惧。虽然早在柏拉图的《理想国》中就曾提出所有的"自由民"都必须接受一定的教育，中国的孔子也曾提出"有教无类"的思想，但是直到 17 世纪，捷克的夸美纽斯才在《大教学论》中从理论高度阐述了普及教育的思想，他明确说道，"不仅有钱有势的人的子女应该进学校，而且一切城镇乡村的男女儿童，不分富贵贫贱，同样都应该进学校"①。到了 20 世纪，自由平等的思想已经深入人心，在这个理念的驱使下，各国基本上采取全面实施义务就学和奖励、援助就学的政策，还通过改"双轨制"为"单轨制"的方式使之逐渐变为现实。目前，绝大多数国家还都以法律的形式保证了教育的普及。

第二节　恐惧的教育功能及其实现条件

恐惧是人类在感知或想象到具有危险性的事物不断接近时，产生的一种伴随着强烈的紧张和不确定感的情绪，它不仅受事物的自然属性影响，而且还受事物的文化属性影响。恐惧是一种消极情绪，我们一般都对其做消极理解，其实，恐惧也有积极意义。对于教育而言，在特定的条件下，恐惧常常具有一定的教育功能：提升人的安全意识；促使人增强认识和把握事物的能力；孵化社会性的情感；孕育勇敢的品质。尽管如此，要想实

---

① ［捷克］夸美纽斯：《大教学论》，傅任敢译，教育科学出版社 1999 年版，第 37 页。

现恐惧的这些教育功能，还必须清醒地认识到恐惧在教育中的三个限度：其一，教育中所引发的恐惧要适中；其二，儿童所恐惧的事物要合理；其三，不能让年幼的儿童感到恐惧。

一、理解"恐惧"

对于恐惧我们并不陌生，因为几乎每个人都有过恐惧的体验，但是要说清楚恐惧是什么并不是一件容易的事情。一般而言，对恐惧的理解包括三个方面：其一，人恐惧时有怎样的体验；其二，何种事物会引起人的恐惧；其三，人为什么会恐惧。

（一）恐惧时有强烈的紧张和不确定感

一般说来，恐惧不是一种推动我们对待感受对象的积极情绪（力求接受它、喜欢它、热爱它），而是一种力图保护自身免受有害事物侵扰的消极情绪。不过，在特殊情况下，人也会主动寻求一定的恐惧来获得消遣，如观看恐怖电影。当人恐惧时会产生一定的主观体验，"这种心理感受恰恰构成恐惧的'骨干核心'，若没有它，恐惧只不过是一种生理或生化反应而已"[1]。那这种主观体验究竟是怎样的呢？其一，强烈的紧张感。斯图亚特·沃尔顿（Stuart Walton）从词源角度描述了这种主观体验，他说，"恐惧"源于古撒克逊语，除了害怕和担心的意思之外，它还暗指某种不明之物在前方等待着我们。[2] 这意味着，恐惧混杂着一种要被伏击的感觉，我们必须对此保持高度紧张。心理学的研究也表明，恐惧的紧张维比其他情绪都要高。其二，强烈的不确定感。亚里士多德曾说，没有人会畏惧他自认为不会遭遇的事情，而那些自认为业已遭受过所有怕人的苦难遂而对未来漠不关心的人也不复有所恐惧。[3] 换言之，恐惧中一定包含了

① ［俄］尤里·谢尔巴特赫：《恐惧感与恐惧心理》，刘文华等译，华文出版社 2008年版，第 101 页。

② ［英］斯图亚特·沃尔顿：《人性：情绪的历史》，王锦等译，上海科学普及出版社 2007 年版，第 3 页。

③ ［古希腊］亚里士多德：《修辞术·亚历山大修辞学·论诗》，颜一等译，中国人民大学出版社 2003 年版，第 94—95 页。

某些希望，因为完全没有希望那是绝望，相反，完全的希望那就是信心。正因如此，人在恐惧时才会体验到强烈的不确定感，即对结局感到不确定。

（二）引起恐惧的事物具有危险性且不断接近

什么样的事物会引起人的恐惧呢？亚里士多德曾认为，引起恐惧的事物必须是能造成巨大的痛苦并且是近在咫尺的，"人并不对一切灾祸感到恐惧……而只是对那些将会导致极大的痛苦与毁害的灾祸感到恐惧，而且只在这些灾祸显得并不遥远而且近到迫在眉睫的情况下。因为人们并不害怕十分遥远的灾祸"①。海德格尔则更加清晰地概括了恐惧之物的特征：其一，具有明确的威胁性，或与威胁性有着明确的因果联系，并且不受人所控制；其二，它不仅不遥远，而且还在不断接近；其三，即使它最终并没有发生，但在此之前，它发生的可能性确实客观存在着，而且正是这种可能性加剧了恐惧。② 从亚里士多德和海德格尔对于恐惧之物的描述可以看出，一个会引起人类恐惧的事物，不仅客观上要具有一定危险性，并且还要让人感知或者想象到这种危险性在不断地接近。

（三）恐惧产生于对危险的感知或想象

人类会产生恐惧不仅有客体的原因，而且也有主体的原因。其实，只有当人意识到（感知或想象）危险时，才会产生恐惧。人为什么能意识到危险呢？其一，人有意识危险的生理结构。生理学已表明，恐惧感产生于类扁桃体，类扁桃体受损的人即使面临生命危险，也不会感到恐惧。其实，仅从生理层面看，人和动物的恐惧是相同的，它仅仅是一种自我保护的本能。因此，在婴幼儿身上能看到类似于动物的"惊吓模式"。其二，不同于动物的恐惧，人类的恐惧还会受到认知的影响。因此，人不仅会对直接感知的事物产生恐惧，也会对想象的、并不真实存在的事物产生恐

---

① ［古希腊］亚里士多德：《修辞术·亚历山大修辞学·论诗》，颜一等译，中国人民大学出版社 2003 年版，第 92 页。

② ［德］马丁·海德格尔：《存在与时间》（修订本），陈嘉映等译，生活·读书·新知三联书店 2006 年版，第 164 页。

惧，例如，对鬼怪的恐惧。史文德森说，"正因为我们是符号的动物，具备抽象思维的能力，所以能感知到的恐惧比任何动物都多"①。其实，从心理层面更能清楚地理解人为什么会意识到危险，进而产生恐惧。因为人有自我意识，所以他会把某些具有威胁性的危险与自身的存在联系起来，并预测可能的结果，在联系与预测中，人对危险产生了意识，而恐惧就产生于意识到危险之时。其三，如果说生理层面的因素表明恐惧仅是一种本能，心理层面表明恐惧为人所独有，或者说人的恐惧有其特殊性，那么文化层面的因素则表明，人的恐惧是如何依赖于社会文化的。史文德森甚至认为，"大体而言，恐惧是一种受文化影响的'习惯'"②。换言之，人的恐惧不仅受事物的自然属性所影响，而且还受事物的文化属性所影响。例如，学生害怕考试失败，产生恐惧的预期，是由明显的或隐蔽的社会性后果所决定的。

综上所述，恐惧是人类在感知或想象到具有危险性的事物不断接近时，产生的一种伴随着强烈的紧张和不确定感的情绪，它不仅受事物的自然属性影响，而且还受事物的文化属性影响。

二、恐惧的教育功能

恐惧是一种消极情绪，我们一般都对其做消极理解。其实，恐惧也有积极意义。对于教育而言，不少教育家在谈及恐惧时，都采取了谨慎的态度。一方面，他们希望人类可以摆脱"恐惧的心态"，即对任何东西都极易感到恐惧的内在状态；另一方面，他们也希望人类可以学会某些合理的恐惧。这是因为在某些条件下，恐惧也能发挥教育功能。

（一）提升人的安全意识

在人类漫长的进化过程中，正是因为有了恐惧，人类才能避开自然界

---

① ［挪威］拉斯·史文德森：《恐惧的哲学》，范晶晶译，北京大学出版社 2010 年版，第 25 页。

② ［挪威］拉斯·史文德森：《恐惧的哲学》，范晶晶译，北京大学出版社 2010 年版，第 17 页。

的强敌和不利环境生存下来。所以，康·德·乌申斯基曾说，虽然"恐惧是一种令人厌恶的情感……但是如果我们注意到恐惧的情感保护我们免遭多少危险、对危险的惧怕又多么增长了人们的理智，如果我们注意到这一些，我们就会称恐惧的情感也是一种防护性的情感"①。不仅如此，对未来事变的恐惧也能够发挥积极的作用，即让人未雨绸缪、斟酌行事。修昔底德就说过，在恐惧影响下所采取的步骤往往是最安稳的步骤。尽管战士们应当时刻保持勇敢的心灵，然而为了行动的成功，他们也应策划周全，戒慎戒惧，犹如自己身临险境一般②。从这个意义上说，恐惧能够提升人的安全意识。

现代科学的研究表明，恐惧之所以能够提升人的安全意识是因为：其一，恐惧可以加深人对危险的记忆。米列尔的实验表明，不仅我们的意识，而且还有肉体（确切地说，是我们的"无意识"部位）都能记住我们曾经感到过恐惧的条件。正因为恐惧加深了对危险之物或情境的记忆，才让我们对曾经遭遇的危险变得警觉并远离。比如，"泰坦尼克号"沉没之后，人们就再也不会只相信铆接在一起的几千吨钢板的坚固性，而不听预告在冰水域里行船。其二，恐惧能让人在信息不充分、无法为此做出全面周到决定的情况下采取积极的行动。这是因为，恐惧可以让人的所有感觉器官的作用更加敏锐，可能发现或甚至预见微小的危险征兆③。生理学的研究也表明，类扁桃体（产生恐惧的生理器官）受损的人，面临生命威胁也感觉不到恐惧，从而无法察知危险，便不会采取适当的措施转危为安。广义地看，恐惧能够提升人的安全意识是因为情绪有利于人类认识世界，离开情绪的帮助，很多信息我们便无法感知，没有情绪"在场"，所做出的决定往往是不理智的。

---

① 〔俄〕康·德·乌申斯基：《人是教育的对象》下卷，张佩珍等译，人民教育出版社 1989 年版，第 181 页。

② 参见孔新峰：《霍布斯论恐惧：由自然之人走向公民》，《政治思想史》2011 年第 1 期。

③ 〔俄〕尤里·谢尔巴特赫：《恐惧感与恐惧心理》，刘文华等译，华文出版社 2008 年版，第 109—112 页。

（二）驱使人增强认识和把握事物的能力

恐惧是一种难以忍受的情绪，当人遭受恐惧之时，就必然要试图消除恐惧，而消除恐惧的重要途径就是加深对事物的认识，并增强把握事物的能力，因此，恐惧就成了人认识事物、把握事物的重要动力。杜威曾说，人生活在危险的世界中，便不得不寻求安全。人寻求安全有两种途径：一种途径是试图同他周围决定着他的命运的各种力量进行和解；另一种途径是发明许多艺术，通过它们来利用自然的力量，人就从威胁着他的那些条件和力量本身中构成了一座堡垒。[①] 前一种途径最终产生了宗教，后一种途径最终产生了科学。从这个角度说，人类的文明就起源于人类对危险的恐惧。

恐惧不仅"逼迫"而且还"吸引"人加深对事物的认识，增强把握事物的能力。因为在一定的条件下，引起恐惧的事物会产生非同寻常的吸引力。亚里士多德、笛卡儿以及斯宾诺莎等人都声称恐惧总是伴随着希望，克尔恺郭尔也认为，恐惧是一种矛盾、歧义的情感。正因为恐惧具有双重性质，所以在某些特定的情况下，那些让人产生恐惧的事物也会产生非同寻常的吸引力。纽曼就指出，"恐惧在化学成分上与好奇心较为接近——因而许多所谓恐怖的事物对人具有特殊的吸引力"[②]。恐惧的心理学分析也表明恐惧中还包括较多兴趣和惊奇成分[③]。史文德森认为，恐惧使我们的世界多姿多彩。没有了它，生活会很无趣。所以，我们一方面千方百计逃避任何可怕的事物，但另一方面又对恐怖题材情有独钟[④]。从这个角度说，人在体验恐惧之时不仅打破了日常生活的"无聊"，而且还促使他们加深对事物的认识，增强把握事物的能力。

[①] ［美］约翰·杜威：《确定性的寻求——关于知行关系的研究》，傅统先译，上海人民出版社 2005 年版，第 1 页。

[②] ［美］保罗·纽曼：《恐怖：起源、发展和演变》，赵康等译，上海人民出版社 2005 年版，"序"第 8 页。

[③] 孟昭兰主编：《情绪心理学》，北京大学出版社 2005 年版，第 163 页。

[④] ［挪威］拉斯·史文德森：《恐惧的哲学》，范晶晶译，北京大学出版社 2010 年版，第 89 页。

（三）孵化社会性的情感

对自然的恐惧，让人类团结在一起，组成了各种各样的团体，以此应付自然界中的危险，而这些团体就是人类社会的雏形。亚里士多德早在《政治学》中就指出，共同的恐惧有助于城邦公众的团结。霍布斯更是明确指出，恐惧既是公民社会得以建立的唯一源泉，也是公民社会得以维续足以依恃的唯一途径①。他甚至还指出，"恐惧能帮助一个已经丧失了道德语言和政治代码的社会重新建立一套道德语言和政治代码"②。约纳斯和鲍曼等人就论述了恐惧对于当前"亲近的道德"③ 丧失的伦理意义，他们指出，恐惧将成为"责任伦理学"的关键。因为，只有当人对道德冷漠和无所约束的行为后果产生巨大恐惧之时，他们才可能自我约束④，从而承担起对于他人和未来的责任。

恐惧除了可以孵化以上这种狭义的社会性情感，即人与人之间的亲近感与道德感之外，还可以孵化某些广义的社会性情感。其一，恐惧具有警醒的作用，并能孵化悲剧感。对自然灾难的恐惧能让人真切地体验到人类的渺小、生命的脆弱以及他人的苦难，并激发人们相应的助人行为；对他人的悲剧所产生的恐惧，则会使人摒弃对日常生活中的失败与挫折的简单化看法，使人以宽容的心态对待人性中普遍存在的愚昧与过失⑤。这种对自然和人性的敬畏之心就是悲剧感，它绝不是放弃人的主体性，相反它更凸显了人的主体性，因为当人在内心接受了人的脆弱性与有限性之时，他们才真正做好了应对一切的准备。尼采曾指出，俄狄浦斯的悲剧表明，当

① 参见孔新峰：《霍布斯论恐惧：由自然之人走向公民》，《政治思想史》2011年第1期。
② 转引自陈建洪：《论霍布斯的恐惧概念》，《世界哲学》2012年第5期。
③ 这是鲍曼在列维纳斯的"他者"伦理学基础上提出的概念。从本初来看，道德就是基于亲近，尤其是面对面的亲近。例如，当你亲身面对一个需要帮助的人，和你听别人描述一个需要帮助的人，在你心中产生的助人情感是不同的。
④ ［英］齐格蒙特·鲍曼：《后现代伦理学》，张成岗译，江苏人民出版社2003年版，第259—260页。
⑤ ［英］阿兰·德波顿：《身份的焦虑》，陈广兴等译，上海译文出版社2009年版，第156页。

人失去恐惧之后，就会走向自己的灭亡。同样，现代人失去了对上帝的恐惧，在杀死上帝之后，自己也死了。这是因为他们彻底相信了理性启蒙的教导，"人类历史发展和绝对知识能够克服悲剧，理性的狡计最终能够解决一切"，没有任何事物能够限制人，"结果知识驱除了魔幻，人却发展成了非人，像俄狄浦斯那样行为，并引致了人类的灾难"。① 相反，如果人还有恐惧，就不会过分相信人的理性与知识，而是相信人应该有一种明智。其二，恐惧具有唤醒的作用，并能孵化羞耻感。对不道德的想法、言辞以及行为的恐惧，能够把人从麻木不仁中唤醒，激发人的羞耻感。所以，亚里士多德曾说："对耻辱感到恐惧的人是公道的、有羞耻心的人，对耻辱不感到恐惧的人则是无耻的人。"② 罗宾也认为，"有了恐惧的武装，自我所增强的勇气不但可以抵御海内外敌人，更重要的是抵御使人在惨兮兮的麻木中消亡的内在倾向"③。

（四）孕育勇敢的品质

亚里士多德曾认为，"勇敢是恐惧与信心方面的适度"④，"在恐惧上过度是怯懦，而在信心上过度则是鲁莽，并且勇敢与引起恐惧的事物的相关程度更大一些。因为，在引起恐惧的事物面前不受纷扰、处之平静，比在激发信心的场合这样做更是真正的勇敢"⑤。他还进一步认为，"勇敢的人是出于适当的原因、以恰当的方式以及在恰当的时间，经受得住所该经受的，也怕所该怕的事物的人"⑥。弗里德里希·包尔生（Friedrich Paulsen）则说，勇敢是"出于保持基本善的需要而抵制对于疼痛和危险的本

---

① 曹永国：《自我与现代性的教育危机》，福建教育出版社 2010 年版，第 50—51 页。

② 〔古希腊〕亚里士多德：《尼各马可伦理学》，廖申白译注，商务印书馆 2003 年版，第 77—78 页。

③ 〔美〕柯瑞·罗宾：《我们心底的"怕"：一种政治观念史》，叶安宁译，复旦大学出版社 2007 年版，第 17 页。

④ 〔古希腊〕亚里士多德：《尼各马可伦理学》，廖申白译注，商务印书馆 2003 年版，第 49 页。

⑤ 〔古希腊〕亚里士多德：《尼各马可伦理学》，廖申白译注，商务印书馆 2003 年版，第 86—87 页。

⑥ 〔古希腊〕亚里士多德：《尼各马可伦理学》，廖申白译注，商务印书馆 2003 年版，第 80 页。

能恐惧的道德力量"①。看来，虽然勇敢与恐惧相关，但勇敢并不是不恐惧，而是为了美好的事物和价值而克服恐惧。什么都恐惧，那是懦夫；什么都不恐惧，那是莽汉；而勇敢者则是该恐惧的时候恐惧，不该恐惧的时候则战胜恐惧。

恐惧之所以能够孕育勇敢的品质，是因为勇敢的品质产生于超越恐惧的过程，人只有经受住了恐惧的考验，才能谈得上勇敢，甚至可以说，没有恐惧，就没有勇敢。人类所生存的世界始终充斥着种种危险，所以对人类来说，恐惧这种古老的情感一直如影随形。作为一种本能性情感，恐惧能够帮助人规避危险，使人安全地生存下去。正如前文的分析，动物也有恐惧的本能，正是这种本能帮助动物"觉察"即将到来的危险以便迅速逃离。但人之所以为人，就在于人从来都不会被本能所完全控制，囿于本能、只按本能要求活动那是动物的状态，人的特别之处就在于能够凭借文化的力量超越本能。如果完全顺应本能，一有危险就恐惧、逃跑，恐怕人类也不会在地球上生存、发展并达到今天这样一个高度。恐惧作为一种本能是对人的保护，而超越恐惧作为一种意志努力则是对人性的一种提升。从这个角度说，人每一次经受恐惧的挑战，都是孕育勇敢品质的契机。

三、实现恐惧教育功能的条件

虽然恐惧具有一定的教育功能，但要想实现恐惧的这些教育功能，还必须清醒地认识到恐惧在教育中的三个限度。

（一）教育中所引发的恐惧要适度

恐惧毕竟是一种消极的情绪，在教育中如果使用不当，会造成无法挽回的后果，因此，教育中所引发的恐惧一定要适度。

其一，避免恐惧过度。在教育中，恐惧不能发挥其教育功能，往往是因为教育中出现了超出儿童所能承受的恐惧。恐惧过度的重要表现就是恐

---

① ［德］弗里德里希·包尔生：《伦理学体系》，何怀宏等译，中国社会科学出版社1988年版，第413页。

惧变成一种弥散的心态，即"恐惧的心态"，它是一种对任何东西都极易感到恐惧的内在状态。如果说恐惧是一种情绪，那么"恐惧的心态"就是一种"情绪状态"。情绪状态往往是综合性的，会影响作为整体的世界，情绪则不尽然，情绪往往指向具体的对象。此外，情绪状态往往也会比情绪持续得更久。当恐惧成为"恐惧的心态"时，一个人就会不断地夸大生活中的危险，自我制造恐惧，最终回避一切挑战，从而表现出怯懦。如果说道德是指向他人的，那么当一个人具有了"恐惧的心态"，就很可能因为顾忌他人的危险性，进而转向关注自己，变得自私和冷漠。因此，在教育中避免恐惧过度，就是要避免儿童形成"恐惧的心态"。

其二，避免恐惧不及。恐惧不及的重要表现就是对一切危险都麻木漠然，不感到恐惧。如果儿童对任何事物都不惧怕，他就会显得不正常和迟钝。洛克曾说："假如我们见了灾难不知道害怕，对于危险不能做出正确的估计，却漫不经心，不管它是什么危险，不管有什么用处或结果，甘冒危险，这不是一个理性动物的果断的表现，只是一种兽性的狂暴而已。"①其实，如果儿童对一切危险都麻木漠然，不感到恐惧，那么他的生存都成问题，更不要说实现恐惧的教育功能了。

（二）儿童恐惧的事物应合理

人类的恐惧不同于动物的恐惧，因为人类的恐惧不仅受事物的自然属性所影响，还受事物的文化属性所影响，因此，人类所恐惧的事物就存在合理与不合理的区分。在教育中，要想发挥恐惧的教育功能就必须让儿童学会恐惧该恐惧的事物，而不恐惧不该恐惧的事物。如何判断儿童所恐惧的事物是否合理呢？亚里士多德曾指出，"诚然，我们对所有坏的事物都感到恐惧，如耻辱、贫困、疾病、没有朋友、死亡，但是并不是这些恐惧都是应当的"。对贫困、疾病，"总之对不是由于恶也不是由于我们自身而产生的坏事物，当然不应当感到恐惧"。② 亚里士多德在这里指出了判

---

① ［英］约翰·洛克：《教育漫话》，傅任敢译，教育科学出版社 1999 年版，第 93 页。
② ［古希腊］亚里士多德：《尼各马可伦理学》，廖申白译注，商务印书馆 2003 年版，第 77—78 页。

断儿童所恐惧的事物是否合理的两个标准：其一，儿童该恐惧的事物必定是坏的事物；其二，这些坏的事物又是由于恶或自身原因所引起的。

比如，教育应该引导儿童对当今技术的失控性发展感到恐惧。因为，在当前技术所召唤出来的"祛魅"的世界中，"是什么"已经具有对"应当是什么"的权威性。在这种条件下，设定目标的权力已经转让给当前使事情发生的能力。如果某件事能够做，那么在地球上或者在天堂里就没有权威人士有权禁止它的发生。然而，正因如此，技术才无所限制地发展，不停地制造出新的事物，最终制造出了许多足以毁灭整个人类文明的事物，比如核武器。在这种背景下，人如果不能对此产生恐惧，那么就很可能毁灭在自己手里。

（三）不能让年幼的儿童感到恐惧

让儿童适应或者学会一定的恐惧必须考虑年龄的因素。这是因为，儿童在受保护的气氛中迈出其人生的第一步是至关重要的，这有助于培养他们将来与危险做斗争的能力。如果幼儿在早期不能获得安全感，那么他今后也很难形成安全感，但是，如果一直让儿童处于过度保护之中，不让其了解人生充满不安全，他也不能形成新的安全感。博尔诺夫曾划分了人的发展的三个阶段：第一阶段，幼儿具有安全的初始状态，气氛纯真而信任；第二阶段，这一封闭的世界被打破，人经过危难，体会到自身的存在非常不安全，并产生孤立无援的失落感；第三阶段，产生重新建立起自己生活保障、重新在世界上获得可靠的立足点的需要。① 因此，在他看来，在儿童早期尤其是幼儿阶段让他们产生恐惧是不恰当的，只有在他们具有安全的初始状态的基础上，才是恰当的。洛克在谈到儿童的"懦弱"问题时，也认为让儿童接触畏惧的事物应该分阶段：第一步，在儿童年幼的时候，极力使他们避免一切惊吓，不要使他们听到任何可怖的谈话，也不要使他们看到可怖的东西，受到惊吓；第二步，就要逐渐使儿童习惯于他

---

① ［德］O. F. 博尔诺夫《教育人类学》，李其龙等译，华东师范大学出版社1999年版，第43页。

们所畏惧的事物，但是在这里须得格外当心，这种方法不可急于采用，也不可用得太早，否则毛病不仅不能治好，反而会加重。① 心理学也表明，恐惧的天然诱因在儿童早期出现，这时儿童应受到成人的刻意保护，使他们有更多的欢乐和成功的机会，培养他们勇于进取和富于自信②。

第三节　"恐慌人"与让人复归平静的教育

恐慌是过度恐惧的情绪状态，它是现代人的一种"社会性格"。"解放"的三次剥夺带来了现代人的脆弱性，科学主义盛行带来了人造恐慌的蔓延，"政治"的异化使得消解恐慌的公共之路丧失，这是"恐慌人"形成的现代根源。面对"恐慌人"的形成，学校应该提供一个相对安全与平静的场所，一方面，可以防止儿童过早地接触社会中的恐慌，让他们形成健康的心性；另一方面，可以让他们在未来进入社会后，对社会中的恐慌产生相应的拉力。具体而言，教育应该引导儿童追寻美德与智慧、培养儿童的"风险意识"、构建学习的共同体。

一、"恐慌人"及其症状

（一）何谓"恐慌人"

要理解何谓"恐慌人"，首先要理解何谓恐慌。一般认为，恐慌是一种过度的恐惧。在英语中，恐惧一词是"fear"，它是指由于某种威胁所引起的害怕状态，它是人类一种正常的情绪。而恐慌一词是"panic"，它是指"对危险或警报的一种突然而过度的感觉，它通常会影响到人的身体，并导致为确保安全而采取过分或不明智的行为"③。

要进一步理解"恐慌人"还需要说明三点：

其一，"恐慌人"的恐慌是一种情绪状态而非一种情绪。情绪状态往

---

① ［英］约翰·洛克：《教育漫话》，傅任敢译，教育科学出版社 1999 年版，第 95 页。
② 孟昭兰主编：《情绪心理学》，北京大学出版社 2005 年版，第 164 页。
③ ［英］弗兰克·富里迪：《恐惧》，方军等译，江苏人民出版社 2004 年版，第 31 页。

往是综合性的，会影响作为整体的世界；情绪则不尽然，情绪往往指向具体的对象。此外，情绪状态往往也会比情绪持续得更久。在现代社会中，由于恐慌主要不是由外部具体事物所引起的，而是现代人丧失了内部的确定性所导致的，所以它成为一种弥散的状态，即使不是真实的个人经验而是"二手的非经验"（贝克语），也能引起现代人的恐慌。

其二，"恐慌人"的恐慌是作为一种"社会性格"来理解的。"社会性格"是指"在某种文化中，大多数人所共同拥有的性格结构的核心，这与同一文化中各不相同的个人的个性特征截然不同"①。也就是说，恐慌所描述的是现代人总体精神状态的核心。个体的人可能在某些时候并不感到恐慌，但是作为"社会性格"的恐慌很可能以一种无意识的形式潜伏着，一旦受到某种外界因素的刺激，它就会明显地表现出来。

其三，虽然"恐慌人"对整个世界都充满了恐惧，但是，他们恐惧的对象与古人相比还是有很大的差异。古人常会对疾病、自然灾害、鬼等产生恐惧，简单地说，自然界中一切神秘事物和现象都可能会引起古人的恐惧。某些时候，这些恐惧甚至还会引起一定的恐慌，例如，当某种瘟疫蔓延之时，人们会对此疾病产生恐慌。随着现代科学的发展，很多古人的恐惧已经不再是现代人的恐惧。段义孚认为，现代人在恐惧的内容上呈现如下特征：从对自然的恐惧转到对破坏自然的恐惧；对他人的恐惧常以强烈的妒忌感和仇恨感等形式显示出来；对缺乏稳定的恐惧变得尤为突出②。贝克说，在现代社会中，"危险的来源不再是无知而是知识；不再是因为对自然缺乏控制而是控制太完善了；不是那些脱离了人的把握的东西，而是工业时代建立起来的规范和体系"③。总的来说，现代人恐慌的主要对象已经从自然转向了人造自然、转向了他人。

（二）"恐慌人"的症状

一是屈从权威。自由意味着选择，而选择就必然要面对某种风险。

---

①　[美] E. 弗洛姆：《健全的社会》，孙恺祥译，贵州人民出版社 1994 年版，第 62 页。

②　[美] 段义孚：《无边的恐惧》，徐文宁译，北京大学出版社 2011 年版，第 183—186 页。

③　[德] 乌尔里希·贝克：《风险社会》，何博闻译，译林出版社 2004 年版，第 225 页。

"风险"（risk）一词源于意大利语"胆敢"（risicare），它与选择有关，风险即人们选择承担的东西。这个词原本是亦褒亦贬的，承担风险可能也会有好的结局。但是在"恐慌人"看来，风险几乎完全是一个贬义的概念，风险直接等同于危险（danger），结果注定是不好的。既然如此，"恐慌人"就必然会逃避风险、逃避自由，而逃避的主要后果就是屈从权威。需要特别指出，现代社会中的权威并不等同于传统社会中的外在权威，而是一种"匿名的权威"（弗洛姆语），例如，现代人在恐慌下对金钱的极度崇拜和对科学的极度崇拜。

二是信任丧失。信任是人类生存的必要条件，但是"恐慌人"却丧失了对他人的信任。一方面，他们把陌生人等同于危险的人；另一方面，即使是认识的人，他们也会首先考虑这些人是否存在威胁。现代人"已经逐步形成这样一种风气，渐渐从有无危险的角度来看待人们之间的关系，尤其是那些亲昵的关系"①。因为"在风险文化里，没有好人，也没有坏人，只有一些危险分子。每个人都带着对他人或多或少的威胁"②。然而更严重的是，一旦产生了对他人的不信任，这种不信任感只会越来越强烈。因为对他人产生了不信任之后，就困于一己的世界中。然而很多事物一旦了解就不会感觉那么危险，困于一己的人失去了解世界的机会，自然会感觉世界更加危险，产生更多的不信任。

三是自私蔓延。由于恐慌，现代人也会形成某些"共同体"。但是，基于恐慌的团结，常常会使现代人看不到"敌人"也是"人"，从而造成自私的蔓延。所以，"惟一能够导向或者回归共同体团结的……就是选择一个共同的敌人，针对这一共同的目标，集中力量，共同施暴"③。玛丽·道格拉斯（Mary Douglas）说，"人类社会的普遍特点之一，或许就在于对危险的恐惧倾向于强化共同体中的分隔的界线。这种强化现存分隔

---

① ［英］弗兰克·富里迪：《恐惧》，方军等译，江苏人民出版社2004年版，"前言"第9页。

② ［德］乌尔里希·贝克：《风险社会》，何博闻译，译林出版社2004年版，第102页。

③ ［英］齐格蒙·鲍曼：《寻找政治》，洪涛等译，上海人民出版社2006年版，第7页。

的最明显、最可怕的表现是……把危险和不幸归咎于那些处于边缘化社会位置的个人或群体"①。虽然她是从人类的一般特点来说明的，但是由于"恐慌人"感觉到危险的激增，他们更会强调界限作用，把危险归于某些边缘化的人群。

二、"恐慌人"形成的现代根源

（一）"解放"的剥夺与现代人的脆弱性

文艺复兴和启蒙运动以来，现代性逐步得以形成，一方面，它给人类带来了"解放"的快感；另一方面，它也给人类带来了"剥夺"的悲苦。在此二重性的过程中，有依靠的"健全人"逐渐成为无依无靠的"生理人"，这使得现代人在面对危险时，变得异常脆弱，极易恐慌。"解放"的第一次剥夺，使人从神性世界中脱域，"这意味着人的精神不再与'神'具有绝对价值的本体关切"②。人由此失去了"超验"维度，失去了永恒性，仅仅成为一个现世的存在。当然，现世生命有其独立的价值，但是，当人仅仅成为一个现实的存在时，死亡的恐惧就会成为现代人无法摆脱的恐惧。宗教曾经帮助人类消除了死亡恐惧，它向人类传达：现世的生命只是永恒生命的短暂部分，现世生命的死亡只是进入永恒生命世界的仪式。可以说，宗教在一定程度上让人类摆脱了死亡恐惧。

"解放"的第二次剥夺，使人摆脱了群体的束缚，获得了自由，但是现代人也因此变得无依无靠。除了宗教之外，群体也曾是人类摆脱死亡恐惧的途径。但是，"对社会团结及其'超越个体生命'的'永恒结构'的无情毁灭，使'个人被孤零零地抛在对自身的不可避免的消亡的恐惧之中'。在全球自由贸易之路上，民族共同体赋予意义的功能已遭遗弃，只剩下个人在孤独与彼此的隔绝中舔舐伤口，驱赶恐惧"③。其实，群体的

---

① 转引自［英］芭芭拉·亚当等编著：《风险社会及其超越》，赵延东等译，北京出版社2005年版，第59页。

② 金生鈜：《规训与教化》，教育科学出版社2004年版，第138页。

③ ［英］齐格蒙·鲍曼：《寻找政治》，洪涛等译，上海人民出版社2006年版，第31页。

离析不仅使人无法面对死亡的恐惧，而且使得个人不得不孤立地面对各种风险的挑战。

"解放"的第三次剥夺，使人摆脱了理性的束缚，并肯定了感性与肉身的价值，这有其积极的意义，其实，"灵魂没有肉身，从来就不曾活过，它只是借助于一次性的肉身才活过"①。然而，如果说理性还意味着一种普遍性，那么在理性被剥夺之后，人类就失去了最后的依靠。感性虽有价值，但它是不确定的、不可靠的，而且，当感性无限张扬时，一方面，它会使人与社会处于冲突之中；另一方面，它会使人彻底失去普遍理性的指引，最终走向自我的孤立和空泛。而孤立和空泛的自我必须寻找一种实在感，当它与自我利益结合时，"自我利益的实在性把空泛的自我实在化了"②。而人在自我利益诱使下最终变成了非理性的和物欲的存在。一方面，感性本身的不确定性和不可靠性，让现代人变得异常脆弱；另一方面，当现代人以追逐自我利益来获得感性自我的确定性与可靠性时，又会激起人与人之间的强烈竞争，二者的共谋，使得现代人成了"恐慌人"。

（二）科学主义的盛行与人造恐慌的蔓延

"科学主义是指对科学的迷信与崇拜。在科学主义眼里，科学就是神灵，就是万物的尺度。"③ 其实，科学主义不是自古就有，它只是近代以来的产物，因为科学获得独立的身份也只是近代以后的事情。"在古希腊人看来，哲学和科学是一个东西，在中世纪，两者又和神学合为一体。文艺复兴以后，采用实验方法研究自然，哲学和科学才分道扬镳。"④ 独立于哲学之后，科学开始依照自身的逻辑进行发展，逐渐失去了哲学的约束，甚至反过来约束哲学的发展，例如，作为科学主义哲学表达的实证主义和后来的逻辑实证主义，都成为一种广受支持和广为传播的哲学和世界

---

① 刘小枫：《沉重的肉身》，华夏出版社 2007 年版，第 100 页。

② 金生鈜：《规训与教化》，教育科学出版社 2004 年版，第 152 页。

③ 高德胜：《知性德育及其超越——现代德育困境研究》，教育科学出版社 2003 年版，第 56 页。

④ ［英］W. C. 丹皮尔：《科学史》，李珩译，中国人民大学出版社 2010 年版，"序言"第 1 页。

观。除此之外，随着科学的不断发展，专业化成为科学发展的必然趋势，但是，专业化也逐渐使得科学变成了越来越不被外行人所理解的"神秘"领域，这使得科学又逐渐失去了公众的监督。哲学的约束和公众的监督丧失之后，科学就可以肆无忌惮地依照自身逻辑进行发展。一方面，科学取得了巨大的成功，它为自己赢得了普遍的、坚定的信任和尊重；另一方面，科学也在不断拔高人们对它的期望，在人们的期望和科学的自身逻辑（以"工具理性"代替"价值理性"，即只考虑能不能做，而不考虑该不该做）的驱使下，科学不断地开拓创新，不停地制造新事物，最终创造出了许多足以毁灭整个人类文明的发明。可以说，"恐慌人"形成的一个重要原因就是科学技术的失控性发展。

科学技术的进步不仅给现代人带来了前所未有的优越的物质生活条件，而且还"成为了人们的精神支柱，成为具有信仰寄托性性质的心灵存放地"①。虽然，现代人越来越难以理解科学的内部机制，但是这丝毫没有影响到现代人对于科学的崇拜，相反，这种神秘感还在某种程度上强化了现代人对于科学的崇拜。"我们的社会已经变成了一个以专门的非个人性的知识为基础的世俗社会，这个社会赋予科学家和科学知识的地位，如同我们的前辈承认牧师和宗教教义所拥有的地位"②。然而，如果这个现代人唯一可以依靠的终极标准本身也受到工具理性的质疑时，现代人将会完全丧失确定性和可靠性，被抛入一个充满恐惧的世界中。所以贝克说："正是对自己依赖于自己所抗议的对象的这种状况的意识，产生了反科学态度中如此之多的痛苦和非理性。"③

（三）"政治"的异化与消解恐慌的公共之路丧失

从古希腊到现代，"政治"发生了巨大的变化。在古希腊，"政治"是人在公共领域中为了解决公共问题所进行的言说和行动，它是人之为人

---

① 高德胜：《知性德育及其超越——现代德育困境研究》，教育科学出版社 2003 年版，第 59 页。

② ［英］巴里·巴恩斯：《局外人看科学》，鲁旭东译，东方出版社 2001 年版，第 1 页。

③ ［德］乌尔里希·贝克：《风险社会》，何博闻译，译林出版社 2003 年版，第 201 页。

的本性。亚里士多德区分了人的三种生活，即享乐的生活、政治的生活和沉思的生活。享乐的生活是以追求肉体快乐为目的的生活，因此，它是动物式的生活。虽然沉思的生活是最自足的生活，但是，它具有半神半人的性质，"是一种比人的生活更好的生活"①，只有少数哲学家才能过上，对于大多数人而言，只能退而求其次，即政治的生活。虽然它是第二好的生活，但却是人之本性的体现，而且它是大多数人可以实践的生活。汉娜·阿伦特（Hannah Arendt）也表达了类似的观点，她认为，人有三种活动——劳动、工作和行动。劳动是满足人类生存需要的活动。工作是制作人造世界的活动。行动是人在公共领域中展示人之为人的活动。②

　　无论是亚里士多德还是阿伦特都把"政治"看作人之本性的体现。然而，当马基雅维利在理论上使"政治"独立于道德之后，就为当权者以暴力统治臣民奠定了理论的基础。当民族国家形成之后，传统的城邦也消失了。一方面，与城邦相比，国家变得越来越大，使得每个人参与政治生活的前提性条件丧失了；另一方面，资本主义的兴起，带来了雇佣劳动与专业分工，大多数人已经没有精力去参与政治生活。在此背景下，洛克提出了"代议制"民主，从适应社会现实的角度看，它具有积极的意义，但是，它也为"政治"脱离每个人埋下了伏笔。当国家变得越来越大，政治机构也变得越来越臃肿，"政治"渐渐开始成为一种脱离于每个人的权力机构，并且拥有了自身独立的运作机制，庞大的官僚体系也随之兴盛。可以说，"政治"已经从古希腊意义上的人之本性的体现，异化成了权力机构的代名词，异化成为让每个人感到恐惧的暴力机关。当然需要特别指出的是，这种异化的"政治"不仅发生在国家层面，而且也发生在现代社会的每一个机构之中。

　　"全球化"的到来，使得关键性经济因素的控制权从代议制政府转向市场力量的自由运作，政治冷漠也随之产生，这是因为，政治的救助的希

---

　　①　［古希腊］亚里士多德：《尼各马可伦理学》，廖申白译注，商务印书馆 2003 年版，第 307 页。

　　②　［美］汉娜·阿伦特：《人的境况》，王寅丽译，上海人民出版社 2009 年版，第 1 页。

望日益渺茫，权力正逐步从政治中转移①。"政治"的异化带来的"政治恐惧"与"政治冷漠"，使得现代人消解恐慌的公共之路丧失殆尽。其实，现代社会中的很多恐慌不是凭借个人之力就可以消解的，它有赖于集体的共同应对。但是，在"政治"异化的过程中，"'公共'自身之独立内涵业已被掏空，它没有留下自身的议题——现在，它仅仅是私人困境、忧虑与麻烦的集聚"②。公共援助所能提供的援助也就是告诉每个人，这样的经历是大家都有的，你不应该为此感到担忧，仅此而已。

三、让人复归平静的教育

面对"恐慌人"的形成，学校应该提供一个相对安全与平静的场所，让儿童通过教育的生活，消除不合理的恐惧，理智地对待合理的恐惧。吉杜·克里希那穆提（Jiddu Krishnamurti）曾说，教育从本质上看"应该来帮助你消除恐惧、净化心灵才对"③。罗素认为，人生充满了危险，教育应该教人学会理智地防备不测与恐惧④。其实，通过这样的教育，一方面，可以防止儿童过早地接触社会中的恐慌，让他们形成健康的心性；另一方面，可以让他们在未来进入社会后，对社会中的恐慌产生相应的拉力。那么，教育应该如何做呢？

（一）引导儿童追寻美德与智慧

"解放"的三次剥夺，使现代人变得格外依赖于物质利益，这是"恐慌人"形成的一个重要原因。因此，如果不从转变现代人的价值观念入手，而仅仅考虑如何提供更丰富的物质财富，是无法从根本上解决问题的。伊壁鸠鲁就认为："有些欲望是自然（而必需的，有些欲望自然而）非必需，还有些欲望既非自然亦非必需，而是由虚幻的想象

---

① ［英］齐格蒙·鲍曼：《寻找政治》，洪涛等译，上海人民出版社 2006 年版，第10—11 页。

② ［英］齐格蒙·鲍曼：《寻找政治》，洪涛等译，上海人民出版社 2006 年版，第56 页。

③ ［印度］克里希那穆提：《恐惧的由来》，凯锋译，学林出版社 2007 年版，第 53 页。

④ ［英］罗素：《罗素论教育》，杨汉麟译，人民教育出版社 2009 年版，第 70—80 页。

所致。"① 因此，对欲望的明鉴与刻意的限制乃是确保心灵宁静的途径之一，而这也正是智慧与美德的表现。当然，随着物质生活条件的丰富，我们并没有必要回到那种物质生活条件短缺的状况，但是，伊壁鸠鲁却揭示了一条有效的路径：要想消除恐慌，回归心神的宁静，就必须对不合理的欲望进行限制，放纵不合理的欲望，恐慌必然会如影随形，因为，奢侈和虚荣的欲望是个无底洞，决不会被满足。

从这个角度看，学校就大有可为，教育不应该放纵现代人的欲望，让他们以占有更多的物质利益为人生的终极目的，而应该节制现代人的欲望，让他们把智慧与美德的追寻作为人生的终极目的。因为，占有大量的财富并不能使人幸福，反而会使人沉沦于恐慌之中，丧失内心的平静，离幸福越来越远。相反，追求美德与智慧却能让人获得持久的幸福，因为爱好永恒无限的东西，可以培养我们的心灵，使它经常欢欣愉快，不会受到苦难的侵袭。从物质的占有转向美德与智慧的追寻，就是要人成为他自己，成为一个卓越的人，而不要沦为欲望的奴隶。如果人要追寻美德与智慧、实现人性的卓越，那么关于人自身的知识就必不可少。因为这种知识是"使我们从奴役着非理性的人的情感中解放出来的手段"②，它能产生心灵的平和。所以，弗洛姆说，"'首先了解自身'，这是为了使人们变得强大和幸福而向人类提出的一个基本要求"③。

（二）培养儿童的"风险意识"

科学的失控发展是现代社会中人造风险蔓延的一个重要致因。在这样的背景下，培养现代人的"风险意识"就显得非常重要。"风险意识"要求现代人可以以一种理性的态度对待风险：既不把风险视作可以完全消除的，也不把风险视作完全无法消除的；既不把风险视作完全的恶，也不把

---

①　转引自罗晓颖选编：《菜园哲人伊壁鸠鲁》，罗晓颖等译，华夏出版社 2010 年版，"前言"第 2 页。

②　［德］弗里德里希·包尔生：《伦理学体系》，何怀宏等译，中国社会科学出版社 1988 年版，第 156 页。

③　［美］埃里希·弗洛姆：《逃避自由》，陈学明译，工人出版社 1987 年版，第 322 页。

风险视作完全的善，而是要以人类完满的生活这一终极的目的，作为审视风险的终极标准。当现代人有了"风险意识"，他们才能以理性的态度对待科学：既不盲目地信任科学，也不极端地排斥科学。

培养"风险意识"就是要让学生学会对不同的风险采取不同的态度。

其一，提升应对可以避免的风险的能力。虽然，在很大程度上，这个时代的恐慌是由于科学技术的失控发展带来的，但是，我们也不能因此就完全否定科学技术并终止其继续发展。因为，人类对科学和技术依赖是由其本性所决定的。人类在诞生时，其本能并没有为他提供专门化的器官和本能，他就只好依靠科学与技术的外力来适应自然。从这个意义上说，如果人类想进一步控制自然引发的风险，就需要进一步发展科学技术。然而，科学技术的失控发展所带来的人造风险，也让我们看清了科学技术的有限性，因此在发展科学技术的同时，人类需要时刻提醒自己，科学技术只是人类认识自然、消除自然风险、获取美好生活的手段，一旦科学技术的发展僭越了这个终极目的，它就必须受到限制。约纳斯和鲍曼等人就指出，对人造风险所引发的灾难性后果的恐惧，是人类减少人为风险的一条出路。因此，我们要尝试建立一种新型的伦理学，即自我限制的伦理学，而这种自我限制的伦理学关键就是恐惧。只有当我们对人类无所约束的行为后果产生巨大恐惧之时，我们才可能自我约束。

其二，转变应对无法避免的风险的观念。对人类而言，有很多风险是永远无法消除的，如果采取了过激行为，反而会带来更多的人造风险。其实，科学的失控发展在很大程度上就是因为现代人试图通过科学摆脱一些风险，结果消除了某些风险，却又产生了某些新的风险。例如，在教育领域中，量化评价已经统治了整个教育领域，我们似乎已经遗忘了量化评价自身所带有的"双刃剑"效应，而仅仅把它的负效应视为工具的不够科学和精致所致。事实上，要规避评价所带来的风险或者说它所具有的负效应，恰恰需要我们反思的是评价的标准化、数量化和精致化倾向①。因此，

---

① 阎光才：《关于教育评价及其风险》，《教育科学研究》2010 年第 4 期。

培养"风险意识"的另一个重要方面，就是人类要学会理性地对待无法避免的风险。如果从积极的角度看，那种无法消除的风险，正是给予了人类无限的可能性，因为，风险并不等同于危险；风险意味着一种不确定性，正是这种不确定性，才使人类的生活得以丰富，才凸显了人类的高贵性。

（三）构建学习的共同体

"政治"的异化使得消解恐慌的公共之路丧失了，换言之，现代人不再依靠共同体的力量应对恐慌了。然而，在一个变动的环境中，所有个体的携手并进是人类获得安全和确定性的根本保障。人类的生活总是要在一定的社会共同体中进行的，这是人的社会属性的基本规定。因此，在弗洛姆看来，现代人虽然获得了"消极自由"，但却没有获得"积极自由"；在鲍曼看来，现代人获得了自由，却丧失了安全感。

教育是人类重建健全关系的重要途径之一，因此，在这个恐慌的时代，现代教育应该立足于共同体的重建。然而，现代教育要想重建共同体就必须转向，不应过分强调教育的身份功能，即通过教育获得某种竞争、谋生的能力，以此去打败他人、控制世界，而应该在历史的传承中接受普遍人性的熏陶，建立一种共同的人性根基。因此，现代教育的策略就是构建"学习共同体"，即在共同学习普遍人性的基础上，把人自然而然地联系起来。

"学习共同体"这个概念来源于佐藤学的《学习的快乐——走向对话》一书，这里所言的"学习共同体"与佐藤学的概念有所联系，但也有所差异。佐藤学认为，"学习共同体"有三个特征：第一，"学习共同体"是通过针对"同一性"的格斗而实现的尊重"差异"的共同体。第二，"学习共同体"不同于"生活共同体"，它是跟随学习的课题在一间课堂里多元地、多层地产生的共同体（共同体情结）。第三，"学习共同体"是超越了课堂同新的生活方式与社会原理相通的共同体①。如果说

---

① ［日］佐藤学：《学习的快乐——走向对话》，钟启泉译，教育科学出版社2004年版，第384—385页。

佐藤学的"学习共同体"突出个体间的差异，那么这里的"学习共同体"则突出个体之间的共通之处，但是它并不排除差异。如果说佐藤学的"学习共同体"突出的是学习过程的伴随性，那么，这里的"学习共同体"则突出其延续性。因为这里所言的学习是体认人性共通性的学习，这种学习不仅是学校教育的一部分，而且还是终身教育的一部分；不仅学习的过程会使人联系起来，而且学习的结果也会使人联系起来。

第四节　现代人的生存焦虑与
体认自我限度的教育

认同的非确定性与认同焦虑，价值相对主义与共识困境，人造风险的蔓延与非安全感，这是现代人生存焦虑的三个方面。如果说古人是借助外部的力量缓解生存焦虑，那么现代人则是借助自我的力量缓解生存焦虑。然而，在这一转变过程中，现代人却遭遇了理性的危机、自我的异化以及自然的"祛魅"，结果不仅没有缓解生存焦虑，反而使其不断凸显。由于现代人的生存焦虑与其错误的价值观念有关，因此，教育就有介入的必要和可能。教育应当引导现代人体认借助自我的力量缓解生存焦虑的限度，具体而言，应当培养现代人合理的理性观、共享的自我观并提升他们的生存境界。

一、现代人的生存焦虑

简单地说，生存焦虑就是指人对生存的担忧，当然这里所言的生存不仅是生理意义上的生存，也是精神意义或道德意义上的生存。其实，任何时代的人都可能伴随着一定的生存焦虑，但是现代人的生存焦虑却越来越强烈，并表现出其不同于以往的特殊性。

（一）认同的非确定性与认同焦虑

在最基本的意义上，认同（identity）所指涉的是"同一"或"同一性"，是一个人在时间或空间维度上对自身前后一致的确认。此解释还包含了三层含义：同一性不仅体现为外在物理形态的一致性，还表现为心理、意识、情感和价值等的内在一致性；同一性不仅要辨识是否同一，还要辨识在何种意义上同一，即归属的问题；无论是同一性的确认，还是归属感的寻求，认同最终都要归结到主体的价值判断上，即是否支持某种立场。①

在现代社会中，认同的非确定性有哪些具体的表现呢？

一是同一性的解构。在前现代社会中，个体的认同是固定的，因为个体在出生之时，其身份角色就已经固定了，并且终其一生很少发生变化，因而人们也不必为自己扮演何种角色感到担忧。然而，在现代社会中，由出生决定身份角色的传统已经被打破了，人们具有较多可供选择的机会，各种权力的伸张与博弈开始对传统的自我认同产生了冲击，使得原先看似同质的、统合的、稳定的自我成为差异的、矛盾的、流动的自我，因而也开始产生"我是谁"的焦虑。换言之，随着外部框架的倒塌，自我的确定性和明证性被打破了。

二是归属感的匮乏。共同体是人类获得本体安全最为有效的途径，因为，通过委身于特定的共同体，个体可以获得稳固的归属感和安全感。然而，在现代社会中，一方面大型工厂、大城市和民族国家的诞生，破坏或削弱了那些使人具有亲密的关系且能解决大部分生活问题的小型共同体；另一方面，金钱成为衡量人际关系的重要准则，虽然它使得交往的对象无限扩张，但它也导致了人际间的亲密与温情让位于冰冷的、抽象的货币符号。此外，全球化条件下游牧化的生存方式，也使个体陷入认同焦虑当中，因为，置身于全球化当中的个体，面临着不同国家、民族和地区之间的文化冲突。可以说，大型非人格化群体的诞生、人际关系的金钱化以及全球化的生存把现代人的交往变成了陌生人的交往，由于"陌生人的相遇是一件没有过去的事情，而且多半也是没有将来的事情"②，所以，现

---

① 吴玉军：《非确定性与现代人的生存》，人民出版社 2011 年版，第 58—61 页。

② ［英］齐格蒙特·鲍曼：《流动的现代性》，欧阳景根译，上海三联书店 2002 年版，第 148 页。

代人的归属感日渐匮乏。

三是意义感的丧失。一方面，如果说共同体的式微和全球化所导致的飘零化生存状态对自我认同的冲击是来自外部的话，那么，现代人感性欲望的无限膨胀所引发的意义感的丧失，则是个体内在变化对自我同一性或认同的冲击。现代性不仅假定了个体的独立性，它还假定个体是一个受欲望驱动并不断实现欲望的存在者。然而，当个体的感性欲望无限膨胀时，现代人内在价值的提升被大大削弱了。另一方面，工具理性又为现代人自我欲望的满足提供了可靠手段。韦伯曾指出，现代性在发轫之时，价值理性与工具理性之间存在着一种相互推动、相互支持的亲和力。然而，此时，工具理性日益远离价值理性，当理性成为没有价值规约的盲目冲动，进而蜕变为非理性的盲目冲动时，由此带来的就是意义的剥夺。

在现代社会中，由于认同的非确定性，现代人的认同焦虑凸显出来。认同焦虑是指在外在关系的影响下，各种差异的权力逐渐凸显出来，进而打破了原来处于核心地位的权力，最终引起了原有同一体的破裂和归属感的丧失。在现代社会中，自我同一性的解构、自我归属感的匮乏以及自我意义感的丧失，必然会导致现代人认同焦虑的凸显。在鲍曼看来，当现代社会进入后现代社会，人们的认同焦虑进一步加剧。所以，他说："生活在一个不确定的世界中，后现代人深受情感匮乏、边界的模糊、逻辑的无常与权威的脆弱等诸多因素的困扰。在后现代社会，认同成为了难题。"①

（二）价值相对主义与共识困境

在古代社会中，人们生存在自然秩序之内，他们只是基于血缘关系、宗法关系和天然的情感进行着自发性的交往，依靠自然节律而自发地进行重复性的自然劳动，这使得他们能够获得一种天然的确定感。当意义的追求与这种外在的秩序结合在一起的时候，实际上就将自己放置在了一个关系网之中，自我不是一个现代意义上的原子化的存在者，而是承担着特

---

① ［英］齐格蒙·鲍曼：《后现代性及其缺憾》，郇建立等译，学林出版社 2002 年版，"中译本序"第 4 页。

定的角色、执行着特定的任务，他的意义和价值就是要表现或实现被外在的秩序所赋予的功能。由于所有人都履行着这个价值体系给予自己的义务与责任，所以这种外部秩序所规定的价值自然也就成了人们共同的价值。当然，这种将自我纳入外在客观框架中探询意义的方式，也存在致命的缺陷，即自我最具个性的一面被抹杀了，自我成了实现客观价值的工具。

在现代社会中，传统的共同价值式微了，取而代之的是价值相对主义。实际上，价值有其相对性的一面，否则自我的个性就将被压抑。但是，价值的相对性并不等于价值相对主义，二者的区别在于，前者承认绝对价值的存在，而后者否认绝对价值的存在。在现代社会中，价值相对主义有两个来源：一是价值个体主义。随着公共和私人领域的分离，私人领域的自由权利获得了承认，因此，现代人认为追求何种价值观念完全是私人的事情，只要不违反公共领域的规范，他人就不得以任何理由干涉。由此，从个体的角度对价值做出理解和诠释，成为现代社会的一个突出特征。

二是价值怀疑主义。价值怀疑的重要表现就是对价值权威进行解构。与古代社会中的知识高度集中相反，现代社会中的知识高度分化，这使得百科全书式的人物成为历史，使得每个人仅能在各自领域成为专家。此外，现代教育由精英教育变成了大众教育，这使得拥有知识不再是少数人的特权。一方面，专家可能是外行；另一方面，人人都拥有一定的知识，因此，现代人开始怀疑权威所提供的价值体系。

价值相对主义否定了价值的绝对性，把价值的相对性无限扩大，其结果必然是价值共识的困境。因为，当任何个体都选择自认为正确的价值时，他的价值标准并不必然为他人所共享，也没有一个可以衡量的公共标准。任何人的价值也都可以受到别人的怀疑，这也使得价值共识成为不可能。因此，现代人多样化的生存现实，一方面为每个人自由个性的充分发展创造了良好的条件；另一方面也将价值多元主义和相对主义的种子播撒开来，从而使现代人面临着价值共识的困境。

（三）人造风险的蔓延与非安全感

"风险"一词与选择有关，在任何时代，只要面临选择，人类都会遭遇风险。在现代社会中，风险发生了转向，由"自然风险"转向了"人造风险"。这个转向主要是由于科学技术的发展以及现代人对自然的肆意开发。科学技术制造的"人造风险"有着这样一些特征：其一，具有很大的不确定性。虽然科技进步大大拓展了人类的已知领域，但每一次向未知领域的迈进反过来又扩大了未知领域的范围，因此，科技进步是否会带来更加深远而复杂的风险，任何专家都不能给出一个确定的答案。其二，所引发的破坏性力量巨大。人类改造世界的能力增强的同时，也意味着自身受到伤害的危险增大。冷兵器时代的武器大多只能给有限的、直接接触的对方造成伤害，高科技研制出的武器却可能使成千上万的生命瞬间毁于一旦。此外，现代科技风险的危害还表现在其作用过程更加隐蔽，难以觉察。其三，偶然因素在整个科技系统中的影响力增强。当代复杂性科学表明，一个系统中最小的不确定性通过反馈耦合而得以放大，可以使系统发生惊人的变化。其四，风险传播的即时效应。当代网络信息技术加速了全球化进程，将世界变成了狭小的"地球村"，借助网络技术，遥远地域的事件快速地传输到眼前，并在极短的时间内引发人们心理感受的急剧变化。

在现代社会中，除了人造风险蔓延的消极影响，现代人风险意识的增强，也使他们感受到越来越多的风险。贝克就指出，在"风险社会"中，风险与知识有着密切的关系，"危险的来源不再是无知而是知识"[1]，这意味着风险常常是主观建构的。如果说风险曾经是依赖感知获得，那么今天风险的存在和分配主要是通过论证来传递的，不再依赖于人的感知。因此，"专家不再仅仅将注意力集中于危险，他们还忙于评估理论上可能出现的危险"，"只要不利的后果在理论上稍微存在一点可能性，就会把未被证实的假设变为恐慌的传言"。[2]

---

① ［德］乌尔里希·贝克：《风险社会》，何博闻译，译林出版社 2004 年版，第 225 页。
② ［英］弗兰克·富里迪：《恐惧》，方军等译，江苏人民出版社 2004 年版，"前言"第 2—3 页。

客观存在的人造风险以及主观风险意识的增强，使得现代人对风险问题的感受越来越强烈，最终导致现代人越来越强烈的非安全感。这意味着，虽然现代人改造自然的能力提高了，认识水平提高了，借助科技的力量摆脱了传统的风险，但是却又面临着新的、人造的风险。

二、现代人的生存焦虑的时代根源

现代人的生存焦虑之所以凸显并表现出特殊性，其内在根源存在于现代社会变化的进程中，即产生于现代人摆脱生存焦虑的路径的转变。如果说，在古代社会中，人们遵从本体论思维，力图借助自我以外的东西缓解生存焦虑，那么，在现代社会中，人们则力图借助自我的力量缓解生存焦虑。

（一）凭借外力：缓解生存焦虑的前现代路径

面对生存焦虑，古人也时常感到恐惧，力图逃避和排斥它，力图超越现象世界，借助超验的世界来缓解生存焦虑。由此，"神""始基""上帝"等相继出场，成为古人缓解生存焦虑的重要根基。这种根基的设定在很大程度上满足了人们的需要，使古人在流动不居的世界中获得确定感和安全感，缓解了生存焦虑。同时，这种缓解生存焦虑的过程，也是人类思维抽象化和逻辑化的过程，是人类精神史上的一次伟大进步。然而，这一做法却使人类历史上源远流长的关于运动、生命感性的冲动被窒息，自我主体被异化为一个冰冷的外部世界。因此，无论是以世界背后的始基为根据，还是以传统当中的神秘创造物为根据来缓解生存焦虑，都体现了古代人生存的非我化倾向，人的主体性、能动性和创造性没有得到鲜明的体现和提升。

实际上，生存于共同体、传统或自然之下的古人，他们是借助一种"自然的确定性"，或是一种"社会的确定性"（例如古希腊的城邦社会、中国的传统宗法社会），或者是一种"超验的确定性"（例如西方中世纪的上帝之国，中国的"天命论""天人感应观"）来缓解生存焦虑。由于自我、社会与"超验世界"处于一种稳固的同构状态，因此，外在的稳固秩序使得自我获得一种确定感，从而缓解了生存焦虑。但是，自我的偏好，具有个性化的价值追求，却统统都被外在的观念框架和制度框架剥夺开来①。

（二）依靠自我：缓解生存焦虑的现代路径

当现代人不再像古人那样借助共同体、传统或自然来缓解生存焦虑时，他们就只能选择借助自身的力量来缓解生存焦虑。实际上，现代化的进程，就是人类从自在自发的生存状态向自由自觉的生存状态转变的过程。然而，在这个过程中，理性的危机、自我的异化以及自然的"祛魅"，却让现代人遭遇了前所未有的生存焦虑。

一是理性的危机。现代人发现理性是缓解生存焦虑的关键所在。因为，人只有作为自由和自律的理性主体，才能按照自己给自己立法的方式从自我内部重获确定性，同时才能在普遍性中获得稳固的自我。在现代人把理性作为缓解生存焦虑的根基之后，却出现了理性的危机，即理性异化为工具理性。在现代社会中，理性作为科学和哲学的基础导致人们从认识工具论的角度来看待理性，结果理性日益狭隘，仅仅成为获得合理性知识的工具②。另外，由于理性失去了终极目的的观照，仅仅沦为一种选择达到目的的合理性方式的选择。理性的工具化，最终会导致人被作为存在的物件加以算度、控制和改造，导致人的尊严和精神的独立性的剥夺。换言之，理性的工具化意味着人的工具化。在理性危机的时代中，理性带给人的并不是自由的解放，而是奴役的规训。所以说，理性导向了非理性。虽然原初的理性由于其所具有普遍性还可以给人以确定性，缓解人的生存焦虑，但是当理性走向极端之后，理性就可能让人遭遇前所未有的灾难，现代科学技术在这个时代的失控性发展所带来的人造风险蔓延，就是最好的说明。

二是自我的异化。自我的实现是现代文化的最高成就，它既是现代人

---

① 吴玉军：《非确定性与现代人的生存》，人民出版社 2011 年版，第 34 页。
② 金生鈜：《规训与教化》，教育科学出版社 2004 年版，第 49 页。

在没有了神性的终极负担之后的自我追寻和自我设定，也是现代人发现自己是彻底的偶然性存在后的缓解生存焦虑的努力。在现代社会中，自我成为存在意义的源泉，每个人都完全拥有对生活的意义和自己如何生活的解释权。然而，当自我实现的理想走向极端之时，一切人际关系都将建立在"为我"的基础之上，他人、群体与社会都将是达到个人目的的手段，其结果必然是每个人都成为没有社会性的自我，是一种失去其主要内涵的自我，是一种虚妄的自我。在这种自我身上，再也没有社会或其他人作为参照点所赋予的任何范围和界限了①。结果真与假、对与错、善与恶等这些在传统社会中清晰明确的事情，在现代人面前却变得日渐模糊。绝望、忧郁、苦闷、寂寞和多样化的价值选择，成了现代人生存焦虑中的突出问题。

三是自然的"祛魅"。理性的危机和自我的异化还伴随着自然的"祛魅"。在古希腊和中世纪，自然被理解为事物的本性，因此，自然物的运动变化遵循其独特的内在法则，由其内在本性所决定，是人力无法改变的，人类对待自然应该持一种敬畏的态度。然而，现代人把"自然"概念理解成"自然物"或"自然界"。他们不再认为自然是"生命机体"，而是"机器"；不再认为自然是温顺的"圣女"，而是狂虐的"荡妇"；不再认为自然是"附魅"的敬畏者，而是"祛魅"的控制对象。实际上，自然观的现代转变，标志着那种纯净而安详的自然在人们的心目中已经消亡，而当这种观念一旦转变为现实的实践，其后果就是"自然的终结"。所谓"自然的终结"，并不是物理意义上的自然的消亡，而是指在物质世界的各个层面，不受人类干预的东西已变得寥寥无几。然而，"自然的终结"意味着现代人再也不能从自然中获取一种外部的确定性，从而缓解生存焦虑了。

三、体认自我限度的教育与生存焦虑的缓解

面对现代人的生存焦虑，尽管需要经济、政治和文化领域的共同努

---

① 鲁洁：《道德教育的当代论域》，人民出版社 2005 年版，第 55—57 页。

力，但是也离不开教育领域的努力。因为，正如前文所说，现代人的生存焦虑与现代人缓解生存焦虑的路径的转变有关，而这一转变又与现代人的理性观、自我观和自然观密切相关。既然涉及观念的转变，教育领域就有介入的必要和可能。

（一）缓解生存焦虑路径的转向与教育

现代人遭遇了生存焦虑，必然会想方设法去缓解它。实际上，人类缓解生存焦虑有两种途径：一是在感情或者观念上改变自我；二是发明许多艺术，以此利用自然的力量构筑一座堡垒①。如果说前者是同周围决定他的命运的各种力量进行和解，放弃一定的自我，借助外部世界的框架来缓解生存焦虑；那么后者就是发明许多技术来与周围的环境斗争，借助自我内部的力量来缓解生存焦虑。如果说前者是承认自我的限度，通过内在心灵的和谐宁静来缓解生存焦虑，那么后者就是放弃自我的限度，无限地张扬自我，通过改造、控制外在环境来缓解生存焦虑。如果说曾经由于认识能力有限，古人常常通过各种方法与外部世界达成某种和解，在限制自我之中缓解生存焦虑，那么在"解放"加速、物质丰富、科学盛行的今天，人们已经不再需要通过传统的妥协的方式与外部世界达成某种和解，而是试图通过"行动"来缓解生存焦虑。但是，这是否意味着在现代社会中，人们就可以放弃自我的限度，让自我肆意张扬呢？其实，这两种方法同样重要，缺一不可。只有前者，没有后者，就会使自我湮没于外部的框架之中；只有后者，没有前者，就会使自我最终处于飘摇不定之中。

在现代社会中，由于自我的彰显，现代人已经彻底抛弃了第一种缓解生存焦虑的方式，全身心地热衷于第二种缓解生存焦虑的方式，即无限张扬自我，通过"行动"的方式，在彻底地控制和改造世界的过程中缓解生存焦虑。然而正如前文的分析，现代人坚信通过自己的奋斗，可以重新获得确定的身份，却在各种力量的博弈中，丧失了确定的身份感；现代人

---

①　［美］约翰·杜威：《确定性的寻求——关于知性关系的研究》，傅统先译，上海人民出版社 2005 年版，第 1 页。

相信每个人都可以有自己的价值追求，却在彰显个人价值的过程中，导致了价值共识的丧失；现代人坚信通过科学，人就能控制一切，却导致了人造风险的激增。因此，如果现代人要缓解生存焦虑，就必须把"另一条已经残废的腿"恢复起来。当然，这种恢复并不是要求现代人像古人一样，通过宗教或者传统哲学逃入"超验世界"中去缓解生存焦虑，而是要求现代人能够从自身出发，认识自己，认识自己的欲望，体认自我的限度。简言之，体认借助自我的力量缓解生存焦虑的限度。这种认识的转变离不开教育的不懈努力。

（二）体认自我限度的教育

1. 理性的合理化与教育

现代人所造就的生存焦虑是他们在力图凭借自我的力量缓解生存焦虑过程中所付出的代价。因此，问题的关键，不是要返回到遥远的过去，在神话的虚幻中、共同体的束缚中、宗教声中缓解生存焦虑。面对严峻的生存现实，我们需要一种生存的勇气和决心，需要继续借助自我的力量缓解生存焦虑。因此，现代性的核心——理性仍然是现代人面对严峻的生存现实所唯一能够借助的力量。当然，我们应当在对现代理性进行辩证地扬弃的基础上，建构一种新型的理性生存观念。如此一来，对现代理性观念进行批判性考察，并在此基础上重建一种合理的理性观念，就成为学校教育努力的一个重要方面。

学校教育需要在这样几个方面做出努力：其一，合理性包含着一种自我反思和自我批判的精神，因此，学校教育应该定位于学生批判性思维的培养。其二，合理性包含着一种差异性向度和对话交流的宽容精神。因此，学校教育应该建构一种尊重差异和对话的氛围，而不能以单一分数标准孤立和排斥某些学生。其三，合理性包含着不断追求真实性和确定性的理想向度。尽管人们彼此有别、立场迥异，甚至意见不同，但是向我们展现的是同一个世界。可见，在合理性视野当中，差异性与普遍性是内在统一的。因此，学校教育在尊重每个学生个性差异的基础上，还要建立起一种共同的价值追求，而这种共同的价值追求应以普遍的人性为基础。

2. 共享式自我观与教育

承认和尊重个体的自由权利，并不能否认自我是一种关系性的存在的事实，相反，自我之间应该具有共享的基础。实际上，自我的存在和发展总是处于特定的历史和传统之中的，每个人的生存都寄托了祖辈和同辈对他不同程度的殷切期望，祖辈的荣耀或耻辱都在他身上打上了深深的烙印，这些共同的传统就是人类共识的基础。因此，人和人之间不应该保持一种原子化的封闭关系，而应该保持一种对话和交流的姿态，通过对话使原有独白状态下仅对每个分别的个人而言的善，转变为对我们大家而言共享的善。就教育而言，学校不仅要树立一种人是关系性存在的基本观念，同时还要建构一种有助于学生对话与交流的生活空间。

共享式的自我观还要求现代人认识到自我是在社会中寻求完善和发展的存在者。个体能力的完善，道德的提升，不能脱离其生活的社群环境。一个人越是能够使自己成为某种文化的组成部分，他就越能够发展出一种道德感，越能提升自己的能力。这其中很重要的一点就是自我应是积极参与公共事务的存在者。在古希腊，个人作为一个完整的独立体而存在，他们是城邦的有机组成部分，公民权意味着全职公民，个人通过参与政治获得价值认同。但在现代社会，个人同时扮演个体和公民两个角色，而且他首先是作为一个独立个体而存在，因而现代人往往把更多的精力放到私人事务和感情之中，进而放弃对公共事务参与的兴趣。实际上，快乐并不是人类唯一的目标，人的本性中还有更高尚的自我发展、自我完善的欲求，而对公共生活的积极参与是实现自我完善和发展的又一重要的手段。然而，现实的教育却是在有意无意地培养学生对于私人生活的兴趣，即仅仅关注自己能否取得好成绩、能否出人头地。如果学校教育要培养共享式的自我观，就必须打破这种过分关注私人生活的现状，而要培养学生关注公共生活、参与公共生活的兴趣。

3. 生存境界的提升与教育

正如前文的分析指出，现代人要想缓解生存焦虑，必须把那条已经残废了的从改变自我并与外部世界达成某种妥协的路径恢复起来，实际上，这一路径的恢复与人类生存境界的提升有着密切的关系。

其一，欲望的合理化。肯定人是一种自然存在物，并不是将人贬低为动物性的存在，也不等于认为自然性构成了人的本质规定。相反，人之为人，恰恰在于人对自然性的超越，在于对自然性的否定和扬弃，在于所具有的精神属性。完整的人是自然性与超自然性的统一。因此，无论是禁欲主义还是放纵主义，它们都片面地强调了人的存在的某一方面，把欲望或理性的一面过度放大。因此，引导欲望的合理化，使欲望得到合理化的满足才是学校教育所需要的正确思路。一方面，学校教育应当承认人的欲望存在的合理性，并认可它作为社会发展的直接动力所起的积极作用；另一方面，学校教育应主张对欲望加以合理运用，使其处于理性可控的、合理的范围之内，主张在正当合理的欲望基础上不断促进文明和人性的健康发展。

其二，神圣感的激发。在追求感官享受中，现代人抛弃了一切禁忌：对自然毫无敬畏，对上帝毫无惧怕，对传统进行彻底的抛弃，最终，生命本身也成了毫不神秘的东西。其实，神圣禁忌的消除不仅不会缓解生存焦虑，相反它以新的方式强化了生存焦虑。因此，学校教育应引导现代人在理性的基础上重新恢复对神圣性的体认，要对生命存有敬畏心、崇拜心，具有终极关怀。因为，终极关怀正是源于人的存在的有限性而又企盼无限的超越性本质，它是人类超越有限追求无限以达到永恒的一种精神渴望。它不仅使人知道"人何能生"，还使人知道"人为何生"。

恐惧和焦虑的情绪一直伴随着人类，教育也一直是人类应对恐惧和焦虑的重要方式。在风险社会中，面对人们恐惧和焦虑的社会心态，教育更应该有所作为，努力澄清教育与恐惧和焦虑之间的复杂关系，一方面发挥恐惧和焦虑的积极意义，另一方面缓解恐惧与焦虑带来的消极影响。

第三章　风险社会中的病态
竞争与教育应对

在风险社会中，由于人们被恐惧和焦虑的心态所笼罩，结果在教育"场域"中出现了病态竞争。病态竞争会带来严重的道德后果：它会让儿童极度地恐惧失败，并且会变得冷漠与自私。面对病态竞争，学校需要积极地应对。一方面，学校教育需要引导儿童体认身份地位争夺的限度，并引导他们从追求分数转向追寻美德，因为美德自身的特性决定了对它的追寻不会激化人与人之间的病态竞争。另一方面，学校教育需要克服二元对立的思维，重新思考教育生存的关系，重建一种完整的教育，这种教育不仅能帮助人们获得赖以生存的职业，也能引导人们学会过闲暇的生活。

第一节　"分数崇拜"的表现及其后果

现代教育的"分数崇拜"表现为过度关注教育质量的可计算性，过度关注教育结果的可预测性、过度关注教育过程的可控制性。表面上看，"分数崇拜"是各方追逐利益的结果，但其深层根源是现代人逃避不确定性的教育后果。如果说制度的"合理化"进程，从外部提供了"分数崇拜"的驱力，那么"身份焦虑"的凸显，则从内部提供了"分数崇拜"的驱力。

一、"分数崇拜"及其表现

《现代汉语词典》对"分数"一词的解释是，"评定成绩或胜负时所记的分儿的数字"①。虽然这个词本身并没有任何褒贬之意，但是现代教育却对它表现出一种狂热。我们称这种狂热为"分数崇拜"，它在现代教育中有哪些具体的表现呢？

首先，"分数崇拜"表现为过度关注教育质量的可计算性，即热衷于数量化的标识衡量教育效果的优劣或学业水平的高低。从学生的角度看，所谓的"好学生"就是那些各级各类考试成绩好的学生，尤其是"高考"成绩好的学生。这从各行各业的招聘条件中就能窥见一斑，例如某高校招聘专职辅导员的基本要求如下："应届硕士毕业，并获得硕士研究生学历和学位，本科和研究生就读学校均须为'211工程'大学（不含二级民办学院）。"② 其实，能进入"211工程"高校的学生就是那些"高考"成绩相对较好的。从教师的角度看，所谓的"好教师"就是那些能够提高学生考试成绩或者提高学校"升学率"的教师，像师德这类的"软性"方面看起来似乎变得次要了。从学校的角度看，重点学校就是那些"中考"或"高考"成绩突出的学校。如果有了这些保障，在教育相关行政部门、家长以及社会舆论的簇拥下往往会成为"名校"。因此，在当今的教育条件下，学校吸引生源的法宝就是"升学率"。下面是某初级中学的2011年喜报（"招生广告"）："我校第三届初中毕业生参加××市2011年中考，以人均总分648分的优异成绩，荣获全市第一！"③。从下表中我们不仅能看出该校的"分数崇拜"，甚至还能看出这所城市的教育相关部门的"分数崇拜"，因为其中的某些数据想必单靠该校是无法统计的。

---

① 《现代汉语词典》（第7版），商务印书馆2016年版，第383页。
② 目前绝大多数"二本"以上的高校在招聘辅导员时都有这样的基本要求，虽然各高校提出这样的要求是由于应聘人数太多无法选拔而做出的无奈之举，但是这也从一个侧面反映了当前社会的"分数崇拜"。
③ 这是一则真实的喜报，×号部分为笔者替换，下文的表格为笔者根据真实数据略做修改而成。

某初级中学 2011 年中考情况

学校类别	分数线	市平均进线百分比（%）	我校进线百分比（%）	备　注
四星高中	678 分以上	0.82	26	我校进线百分比是市平均数的 32 倍
重点高中	638 分以上	3.50	70	我校进线百分比是市平均数的 20 倍
一批普高	610 分以上		84	
二批普高	550 分以上		97	

其次，"分数崇拜"表现为过度关注教育结果的可预测性。为了确保获得确定的教育质量（考试成绩或"升学率"），就需要增加教育结果的可预测性。如何增加可预测性，同时减少无法预测的情况出现呢？具体做法有这样一些：（1）课程和教材齐一化。这是因为针对同样的课程和教材，可以聚集各方力量设计出标准化的、高效的教学方案，一方面便于保证教学效率，另一方面也便于预测教学结果。在我国最新一轮的课程改革之前，无论课程还是教材都是全国统一的。在课程改革之后，课程管理由一级变成了三级，增加了"地方课程"和"校本课程"，但全国各地的主干课程基本上还都是统一的。（2）教育内容以知识为中心，忽视情感、态度和价值观。由于知识是确定的，而知识以外的情感、意志、信念、道德等则是难以预测和把握的，因此，它们往往被有意无意地排斥在教育内容之外。新一轮课程改革提出了"三维目标"，但是，由于过往的惯性，"知识与技能"的目标受到重视并被落实，而"过程与方法"尤其是"情感态度与价值观"的目标仍然常被淡化或忽视。人们常常抱怨学校道德教育的效果低下，虽然其中原因有很多，但是道德教育效果的预测难度大，不容易取得成绩，也是学校一直不重视道德教育的一个重要原因。（3）教育环境的标准化。现代学校常常是"千校一面"，学校的格局和布置常常是类似的。例如，几乎所有的学校都是采用了"秧田式"的桌椅布置，除了公开课或应付检查才可能做出某些调整；几乎所有的学校的走廊都挂着同样的伟人的照片或名人的语录。

最后，"分数崇拜"表现为过度关注教育过程的可控制性。如果说过度关注教育结果的可预测性仅仅是从教育中的客体角度进行齐一化，那么过度关注教育过程的可控制性，就是从教育主体的角度对教育进行齐一化，其实质是追求非人技术对人的控制。为了能够获得较好的成绩和较高的"升学率"，为了让教师和学生能够按照指定程序进行教学和学习，就必须制定一整套的规范体系，来控制教育主体的不确定性。最明显的就是"课程表"。它除了规定学习（教学）内容外，还规定了学习（教学）的时间和空间。"教学常规"是教师常说的一个词，它是指学生在学习（教学）过程应该遵守的一套规范。笔者曾经从事过一年的小学数学教学，教研员在每次听课之后，向我强调最多的就是对学生的教学常规训练，例如听的常规、做的常规、说的常规和想的常规等。不可否认，这些教学常规有助于提高教学效率、学生成绩、学校的"升学率"，但同时也在某种程度上影响了学生独立性和创造性的养成。

二、"分数崇拜"的危害

首先，"分数崇拜"所追求的并不是教育质量本身，而是分数的高低、排名的前后，因此，教育结果必然有人高、有人低，在这种高低的排位较量中，必然会产生许多"落后者"。卡伦·荷妮在《我们时代的病态人格》一书中曾描述过病态竞争的三个特征：一是为竞争而竞争（正常的竞争是为了做好事情，而病态竞争做事已经不重要，竞争才是重要的）；二是独领风骚才算赢（正常的竞争是可以双赢、多赢的，而病态竞争只承认第一才是胜利，否则就是失败）；三是敌视（病态竞争含有对竞争对手的敌视，而正常的竞争则含有相惜之意）①。面对病态竞争，一些学生由于不能胜任而成为"落后者"，最终被学校甚至社会视为"没有前途、没有希望"的人。而现代社会是一个"精英文化"和"平等思想"深入人心的社会，在这样的社会中，一个人失败不仅要承受着物质上贫困

---

① 参见高德胜：《学校教育与恐惧制造》，《教育研究与实验》2010 年第 1 期。

的折磨，还要承受着精神上无能的折磨，因为我们更难把失败归因于身份出身，而更易归因于能力低下。"这是一个残酷的世界，在这样的一个世界中，失败者的失败是由他们自己造成的，受责备的也只能是自己，他们没有权力因他们的不幸而要求补偿，甚至同情。"[1] 同样，被学校教育所淘汰的学生也要承受身心的双重折磨，一方面要承受考试失败、不能升学的现实折磨，另一方面还要承受认为自己能力低下的心理折磨。

　　其次，"分数崇拜"再生产了社会中的"金钱崇拜"。长时间地生活在"分数崇拜"教育环境下，会使学生形成一种"分数崇拜"的性格。当有着这样性格的学生走向社会时，就很容易导致"金钱崇拜"。这是因为"金钱崇拜"和"分数崇拜"有着类似的心理机制。奥威尔在其《1984》一书中细致地描述了著名的"老大哥"的形象，如果说"奥威尔的'老大哥'代表了穷凶极恶的权力，他固定了除了它之外的每个人都必须遵守的路线，规定了他们必须遵从的方式，并消灭了敢拒绝他或没有根据他的意愿去执行命令的每一个人"，那么像分数和金钱这些"新老大哥"则是一个极其有用的家伙，它会向你提供游戏比赛所需的任何东西，但是它提供的游戏却是一个有关排除的游戏，排除他人而不是自己被排除，就是成功的代名词。对于"新老大哥"而言，谁输谁赢无关紧要，关键是大家争个你死我活[2]。如果说"老大哥"是通过强权的力量控制着人，那么"新老大哥"则是通过利益的诱惑控制着人。如果说"金钱"是社会中利益的象征，那么"分数"就是教育领域中利益的象征。因此，教育中造就的"分数崇拜"的性格，极易转化成社会中的"金钱崇拜"。相反，当"金钱崇拜"在社会中盛行之时，教育领域中的"分数崇拜"也会随之加剧，二者会形成恶性循环。而无论是"分数崇拜"还是"金钱崇拜"其实都是对于自由的放弃，因为在崇拜的过程中，唯一的目的

---

　　[1]　［英］齐格蒙特·鲍曼：《被围困的社会》，郇建立译，江苏人民出版社 2005 年版，第 88 页。

　　[2]　［英］齐格蒙特·鲍曼：《被围困的社会》，郇建立译，江苏人民出版社 2005 年版，第 49—50 页。

就是分数或金钱，其他一切可能的目的都被"遮蔽"了。如果说自由意味着可能性，那么崇拜分数或金钱，就是放弃其他一切可能性。

再次，作为一种"社会性格"的"分数崇拜"或者"金钱崇拜"，会造成教育乃至整个社会的非人化。"社会性格"是指"在某种文化中，大多数人所共同拥有的性格结构的核心，这与同一文化中各不相同的个人的个性特征截然不同"①。也就是当"分数崇拜"或"金钱崇拜"成为整个社会的一种整体性格之时，就会使得这个社会非人化，当一个人表现出了本真的人的行为时，还会被大众视为"有病"。比如，当有人摔倒了，人们的第一反应不是去帮助他人，而是先进行一个利益得失的计算。当有人在助人之后受到了某种不公正的待遇，社会舆论甚至还会怪助人者是咎由自取。在这样的社会中，一个人往往会被他人视为获取利益的工具。同样在学校中，教师、学生也不会被视为一个完整的人，而是被视为获取分数的工具。学生向教师学习也不是为了自我的提高，而是为了获得好的分数，打败别人。这样人与人之间就会成为利用关系。"一个人，一个活生生的人，不再是自己的目的，而成了他人或自身经济利益的手段，或者是非人的巨人——经济机器——工具"②。非人化的另一个方面就是人失去了其个性。"分数崇拜"发展到极致时，虽然"我们不屈服于任何人，我们并不同权威发生冲突，但是我们也没有自己的信念，几乎丧失了个性，没有自我意识"③，因为每个人都成了分数的奴隶。因此，虽然"分数崇拜"使得学校生活成了一部永动机，使人狂热，但是在学生灵魂的最深处，却是对生命本身的无聊感。

三、"分数崇拜"的社会根源

从表面上看，"分数崇拜"产生于人们对利益的追求。学生崇拜分数是因为高分数可以让他们进入好学校，获得好工作，进而获得优越的社会

①　[美] E. 弗洛姆：《健全的社会》，孙恺祥译，贵州人民出版社 1994 年版，第 62 页。
②　[美] E. 弗洛姆：《健全的社会》，孙恺祥译，贵州人民出版社 1994 年版，第 74 页。
③　[美] E. 弗洛姆：《健全的社会》，孙恺祥译，贵州人民出版社 1994 年版，第 84 页。

地位。教师崇拜分数是因为高分数可以为他们带来生存和发展的保障。校长崇拜分数是因为高分数可以提升学校和自身的地位，进而为学校和自身获得丰厚的经济利益。教育相关部门的领导崇拜分数是因为高分数可以提高他们的政绩，帮助他们更好地提升。社会中的那些以教育为生的从业者崇拜分数是因为高分数可以直接解决他们的生存问题。如果他们不能提高分数，他们就将失去生存的饭碗。家长崇拜分数是因为高分数可以给他们的子女提供好的未来，也可以为自身带来好的名声。似乎把"分数崇拜"归结为利益的寻求是能够说得通的，但是为什么现代教育中的"分数崇拜"要远远超过古代教育呢？难道古人不热衷于利益的追逐吗？如果再进一步追问"分数崇拜"的社会根源，我们就会发现，"分数崇拜"是现代人逃避不确定性的教育后果，或者说它是现代人过度寻求确定性的教育后果。要理解其中的道理，就必须从现代人的境况说起。

在与自然、社会和"上帝"的三重疏离的过程中，现代人从传统的种种束缚中解放出来，获得了前所未有的自由，但同时不得不承受不确定性带来的焦虑。科学尤其是自然科学的发展，使得现代人成了自然的主人，可以对其进行认识与征服。然而，现代人也因此"再也看不到世界和自然的奥秘和神秘性，人和最高的真实失去了接触"[1]，他们再也不能从自然中寻求确定性。随着城市化带来的流动性加强，现代人也逐渐失去了传统的地缘所提供的社会支持，不得不独立面对这个陌生的世界。虽然传统的地缘关系在一定程度上束缚了人的自由，但是却给孤独的人提供了可靠的情感依靠，失去了这种依附关系之后，现代人获得了自由，却也变得无依无靠。面对着世界的"祛魅"，现代人已不再相信"上帝""天命"这些超验的事物。现代人虽然不再因为愚昧而受制于它们，但是同时也失去了"超验"世界所提供的那份慰藉，"上帝"再也不是人们可靠的精神支柱了。面对种种传统支持的崩塌，现代人由于无法承受不确定性

---

[1] ［德］孙志文：《现代人的焦虑与希望》，陈永禹译，生活·读书·新知三联书店1994年版，第67—68页。

带来的焦虑，最终选择了逃避不确定性，而"理性"就在这样的背景下成为他们逃避不确定的救命稻草。"在这个动荡不安的世界中由于缺乏实际确定性，人们就只有去培植那些予人类以确定感的东西。这种确定感的培植，只要不流于幻想，就有可能给人以勇气和信心，使他能比较成功地挑起人生的担子。"① 现代人借助"理性"的力量逃避不确定性体现为两个方面：一方面是通过"合理化"的进程，使得整个世界变得可计算、可预测、可控制；另一方面是寻求在世界中的优势地位，获得相对的确定性。然而，这两个方面都导致了现代教育的"分数崇拜"。

（一）"合理化"进程与"分数崇拜"的产生

"合理化"是韦伯提出的概念，在其著述中，"合理化"主要指神话世界观向现代世界观的转变进程，其突出表现是宗教领域的"祛魅"过程。其实，韦伯考察的重心并不是宗教本身，而是以"形式理性"为取向的西方资本主义经济和现代国家机关。前者遵守合理的经济行为，以最大限度地获取利润、积累资本；后者遵循合理的管理方式，以有效地管理社会。换言之，韦伯一方面关注的是世界观的"合理化"，他要解释清楚去神秘化的结构以及认知问题、规范问题和表现问题彻底分化并能够按照自己的逻辑展开所依据的前提；另一方面关注的则是现代意识结构的制度体现。其实，以往的社会都曾一度存在过各种不同类型的理性，但没有一个社会形成过韦伯所称的那种"形式理性"。"形式理性"意味着人们为了达到特定目标而对最佳手段的搜寻是由一些规则、规定以及更大的社会结构所决定的。在"形式理性"发展以后，他们就可以借助一些规则来决定应该做什么。也就是说，最佳手段早已被发现并且已被制度化在规则、规定和结构中了，人们只须照章办事就行了②。具体地说，"合理化"进程有四个基本方面：注重效率；结果便于计算；运作过程便于预测；通

---

① ［美］约翰·杜威：《确定性的寻求——关于知性关系的研究》，傅统先译，上海人民出版社 2005 年版，第 23 页。

② ［美］乔治·里茨尔：《社会的麦当劳化——对变化中的当代社会生活特征的研究》，顾建光译，上海译文出版社 1999 年版，第 32—33 页。

过非人的技术代替人力做法来实现控制。因此，韦伯担心，不断衍生的"合理化"的社会制度最终会形成一张无所不包的大网，使人无法逃离。这也就是所谓的桎梏人的"巨大铁笼"①。如果说"合理化"进程的核心就是追求效率、可计算性、可预测性、可控制性，而并不考虑目的本身合理与否，那么，由于教育结果的无法计算性、无法预测性和无法控制性，教育在追求"合理化"的过程中，就必然会选择"分数"这样一个快捷的标准。通过"分数"使得教育中的一切不确定性变得确定。换言之，制度上对"合理化"的追求必然导致教育中的"分数崇拜"。

（二）"身份焦虑"② 的凸显与"分数崇拜"的产生

人们在寻求确定性的过程中，在"合理化"的进程中，已经被剥离了种种个性，成为这个庞大的世界机器的工具。正如卡尔·雅斯贝斯（Karl Jaspers）所说："这种生活秩序的普遍化将导致这样的后果，即把现实世界中的现实人的人生活变成单纯的履行功能。"③ "任何一个人都不是必不可少的。他不是他自己，他除了是一排插销中的一根插销以外，除了是有着一般有用性的物体以外，不具有什么真正的个性。"④ 可以说在这样的社会背景下，"如此被贬抑、被拉到物的水平上的人，已经失去了人性的实质。……他日复一日地活下去，惟一可以刺激他超出完成日常任务的范围的欲望，是占据在这架机器中可能达到的最好位置的欲望"⑤。既然每个人都失去了独特性，成为没有个性的工具，那么每个人都有被他人替代的可能性。因此，为了逃离被替代的可能性，现代人的"身份焦

① ［美］乔治·里茨尔：《社会的麦当劳化——对变化中的当代社会生活特征的研究》，顾建光译，上海译文出版社 1999 年版，"译序"第 2 页。
② 阿兰·德波顿在其《身份的焦虑》一书提出的概念，意指现代人对能否获得优势地位的担忧。
③ ［德］卡尔·雅斯贝斯：《时代的精神状况》，王德峰译，上海译文出版社 2008 年版，第 13 页。
④ ［德］卡尔·雅斯贝斯：《时代的精神状况》，王德峰译，上海译文出版社 2008 年版，第 20 页。
⑤ ［德］卡尔·雅斯贝斯：《时代的精神状况》，王德峰译，上海译文出版社 2008 年版，第 21 页。

虑"凸显，他们极度渴望获得在整个庞大机器中的优越地位。因为获得优越地位就能降低被替代的风险，获得相对的确定性。如果说在古代社会中，身份和出身已经决定了一个人可以接受什么样的教育，那么在现代社会中，从制度的角度而言，所有人都有机会接受相同的教育，因此，在现代社会中，教育的身份功能①凸显，现代人都试图通过教育获得优势的地位，而决定教育中身份获得的依据就是分数，因此，他们必然会极度地崇拜分数，视之为生命。

第二节　身份焦虑与病态竞争的产生及化解

竞争是人类社会中普遍存在的一种自然现象，但是学校教育中的竞争却出现了某些病态化的现象，其表现为独领风骚才算赢、充满敌意、为了竞争而竞争。病态竞争的产生有深刻的社会根源，由于学校教育是现代人改变身份地位的最重要途径，因此，在身份焦虑的驱使下，现代人对学校教育给予了极大的期望，结果使其沦为未来身份地位争夺的"角斗场"。在身份焦虑的背景下，体认身份地位争夺的限度，从追寻分数到追寻美德将是病态竞争的化解之道。

一、病态竞争及其后果

竞争是人类社会普遍存在的一种自然现象，竞争不仅能帮助人类克服惰性、激发潜能，而且竞争对手就像一面镜子，有利于人类发现自己的不足。当群体之间发生竞争时，它还有助于加强群体内部的凝聚力。然而，学校教育中的竞争却出现了某些病态化的现象，这使得竞争的积极意义大打折扣。

---

①　教育的身份功能是指教育可以让人获得一定的身份，通过接受一段时间的教育，一个人就可以获得一份代表着教育程度的文凭，这个文凭就像一个"一般等价物"，拿着它就可以在社会上换取一个与之等价的身份。

学校教育中的病态竞争有多种表现。首先表现为独领风骚或者鹤立鸡群才算赢。如果说正常的竞争是可以双赢、多赢的，那么病态竞争就只承认第一才是胜利，否则就是失败。例如，虽然一个儿童通过深入地思考并最终解决了一个很有难度的数学题目，但是他仍然会感到失望，仅仅因为并不只有他一个人解决了这道题。虽然一个儿童在一次考试中取得一百分，但是由于并不是只有他一个人取得一百分，所以他依然会感到失望。其次，对竞争对手充满了敌意。虽然敌意内在于一切竞争之中，因为一个竞争者的胜利就是另一个竞争者的失败。但是，在病态竞争中，儿童最想看到的是同学的失败，而不是自己的成功。当他看到其他同学也在认真学习时，他就很可能陷入盲目的愤怒之中。为了麻痹同学，让他们放弃努力，他还可能欺骗同学，说自己回家后经常玩游戏、看动画片，从来不好好学习。最后，为了竞争而竞争。儿童常常会不断地将自己与其他同学进行比较，即使在根本无须如此的情况下也会这样。比如，一些儿童常常会不加区别地将谁的成绩最好、谁受到的表扬最多、谁最有希望考上重点中学这类的问题应用到同学身上。他们这样做是因为他们坚信只有在不断的比较中才能证明自身的价值。其实，这种对待竞争的态度很容易导致儿童对学习的真正兴趣的丧失或损害，因为，此时他们最关心的并不是所学的内容，而是所能获得的分数和排名。

如果病态竞争趋于常态化，就会造成严重的后果。首先，儿童会极度恐惧失败。失败对于竞争来说是再正常不过的事情了，失败并不可怕，相反，它还可以激励人类进一步完善自己。然而，病态竞争却会让儿童对失败感到极度的恐惧。因为，在他们看来，失败将是致命的打击，哪怕只是极小的失败、无关紧要的失败。并且，"比失败本身更令他害怕的乃是在他以任何方式显示出他正在竞争，他要获得成功并努力想要去得到这份成功之后却失败了这样的一种情况"①。因为，此时他就不能将其失败归因

---

① ［美］卡伦·荷妮：《我们时代的病态人格》，陈收译，国际文化出版公司 2000 年版，第 141 页。

于不努力这类可以改变的因素，而只能归因于自己的无能这种无法改变的因素。其次，儿童因此而有可能变得冷漠与自私。处于病态竞争中的儿童不仅要取得成功，而且还要取得第一；他不仅要看到自己的成功，更要看到同学的失败。因此，为了使自己能够轻易地取得第一，有可能会使用各种障眼法欺骗同学。然而，当他想到其他同学可能也有同样的想法时，他就可能变得越来越不信任同学，最终可能变得越来越冷漠、越来越自私。

二、学校教育与病态竞争的产生

学校教育对病态竞争的产生负有某种不可推卸的责任，某些学校的问题主要产生于以下几个方面。

（一）视分数为评价儿童的最高标准

视分数为评价儿童的最高标准是当前学校教育被广为诟病的做法。在这种背景下，所谓的"好学生"就是那些能在各级各类考试尤其是"高考"中，取得好成绩的儿童。相反，所谓的"坏学生"也就是那些不能在各级各类考试中取得好成绩的儿童。当分数成为评价儿童的最高标准之时，儿童会长期处于被淘汰的恐惧之下，促使竞争沦为病态竞争。这是因为这种评价标准所追求的并不是教育质量本身，而是分数的高低、排名的前后，因此，教育结果必然有人高、有人低，在这种高低的排位较量中，必然会生产出大量"落后者"和"无用者"。I. 华勒斯坦（I. Wallerstein）就曾指出："分数不但用来互相比试，而且鼓吹竞争，为的是争夺那些能显示自我有用之处的流通价值。分数给表现树立客观价值，用数量来设定十分是完美、零分是一败涂地的标准。"[1] 在病态竞争下，儿童最终将沦为一群惧怕失败、永远追求奖赏的"求真者"。

正如上节所述，被学校教育所淘汰下来的人还要承受身心的双重折磨。一方面要承受考试失败、不能升学的现实折磨，另一方面还要承受能

---

[1] ［美］华勒斯坦等：《学科·知识·权力》，刘健芝等译，生活·读书·新知三联书店1999年版，第46—47页。

力低下的心理折磨。因为在教育平等与公平深入人心的今天，儿童更难把失败归因于身份和出身，而更易把失败归因于能力低下。在这个残酷的世界中，儿童的"失败是由他们自己造成的，受责备的也只能是自己，他们没有权力因他们的不幸而要求补偿，甚至同情"①。在身心双重的折磨之下，儿童之间的正常竞争很容易会沦为病态竞争。

（二）把考试的失败等同于儿童整个人的失败

其实，"失败"与"成功"只是一个文化的概念，一个人天生并不会特别地关注成功与失败。即使退一步来说，人具有了成功与失败的观念，成功与失败也始终要与具体的活动联系在一起，而不可能脱离活动。然而，一些教育者却把某次或者某几次考试的"失败"变成了整个人的"失败"，把活动的结果变成了人之优劣的区分标准。这种做法直接威胁了人的尊严，面对这种做法，儿童会对失败产生巨大的恐惧。在这种恐惧的驱使下，正常的竞争就逐渐演变为病态竞争。

把考试的失败等同于儿童整个人的失败，最常见做法就是"贴标签"，其实质是对儿童进行分类。当然，这种分类的标准并不是依据"天性"，而是依据分数。在某些学校，某些学生几次考不好，甚至只有一次考不好，就会被视为"差生"。任何人一旦被贴上了此类标签，就很难翻身。因为，在这个"场域"中，所有人都形成了某种"惯习"②，他们都倾向于把此类儿童视为"差生"。换言之，一旦一个人被贴上某个负面的标签，就会成为这个"场域"的受害者；相反，如果一个人被贴上了正面的标签，那么就会成为这个"场域"的获益者。布迪厄认为，在教育的"场域"中，"文化资本"是获得成功的保障，而今这种"文化资本"就等于分数与文凭，如果一个儿童被贴上了"差生"的标签，那就是剥夺了这个儿童的"文化资本"，使他失去了在教育这个"场域"中生存的

————————

① ［英］齐格蒙特·鲍曼：《被围困的社会》，郇建立译，江苏人民出版社2005年版，第48页。

② 布迪厄（Pierre Bourdieu）提出的概念，"惯习"由"场域"决定，反过来它又维系着此"场域"。

根基，而失去了根基又会受到这个"场域"中"惯习"的影响，永远难以翻身。比如，重点校与普通校的区分、重点班与普通班的区分，虽然大家心照不宣，但是谁都明白普通校的学生，尤其是普通校中普通班的学生就是"差生"的聚集地。在教师们心中也有一本清楚的账，对于那些普通班的学生，他们的目的就是不要让他们出事，至于成绩则无所谓。

（三）不断地排斥"失败"的儿童

把考试的失败等同于儿童整个人的失败已经让他们的尊严受到了巨大威胁，然而，一些学校在教育中还会不断地排斥那些"失败"的儿童，试图把他们从整个学校教育的体系中剔除出去。阿贝尔·雅卡尔（Albert Jacquard）曾说，所有的儿童都仿佛被投进一座巨大的蒸馏塔里，只有那些符合特定标准的儿童才有资格进入蒸馏的顶盘，教育不仅没有帮助儿童开阔视野，反而让他们接受一种被阻塞的命运，即以"能力"不足的借口将他们排除在外[①]。例如，中国最有名的考试——"高考"，每年都要淘汰数以百万计的学生。虽然随着高等教育的大众化，高考录取率逐年增长，但是每年依然有大部分的人被排斥在外。此外，随着高考录取率的不断增长，我们还需要考虑另一个重要的因素，即重点高校的录取率，因为在大学生不断增多的今天，一张普通的大学文凭已经不足以给一个人带来一份不错的工作，因为很多用人单位在用人时一般都要求"重点高校"的毕业生。这意味着，排斥已经从显性变得隐性了。

排斥本身就是对人的尊严的伤害，因为它是在证明某些人是"无能"的。更为可怕的是，这种排斥使得他们彻底失败了，他们不仅失去了升学的机会，而且在某种意义上也失去了更好地生存的机会。可以说，这种排斥导致了他们双重的恐惧，其一是对尊严受到伤害的恐惧，其二是对失去生存能力的恐惧。从这个意义上看，教育的制度性排斥机制，使儿童个个

---

① ［法］阿尔贝·雅卡尔：《科学的灾难？一个遗传学家的困惑》，阎雪梅译，广西师范大学出版社 2004 年版，第 241—242 页。

都恐惧失败，因为失败对于他们而言意味着失去机会，失去一切。在这种背景下，竞争自然容易沦为病态竞争。

三、身份焦虑：病态竞争的社会根源

当然，病态竞争的产生还有深刻的社会根源。由于学校教育是现代人改变身份地位的最重要的途径，因此，在现代人身份焦虑凸显的背景下，现代人对学校教育给予了极大的期望，结果使其沦为未来身份地位争夺的"角斗场"。

（一）现代人身份焦虑的凸显

这里的"身份"是指"个人在社会中的位置；源于拉丁语 statum（拉丁语 stare 的过去分词形式，意思是站立），即地位"①。"身份焦虑"则是一种担忧，担心我们无法与社会设定的成功典范保持一致，从而被夺去尊严和尊重；以及担心我们当下所处的社会等级过于平庸，或者会堕落至更低的等级。身份焦虑的一个主要原因是比较（攀比）。"当你与他人攀比时，无论在意识上、心理上甚至生理上，都会有一种力量驱使你变成那样的人。一旦意愿无法达成，恐惧便随即产生。"②

其实，每个时代的人都有一定的身份焦虑，但是现代人的身份焦虑却格外明显，这是因为：其一，现代社会剥夺了身份的确定性，导致了现代人过分地渴求身份。在传统社会中，由于传统关系的束缚，人的身份在其出生时基本上已经确定了，并且终其一生很少发生改变，所以处于下层的人对自己的期望很低，只求安分守己地过日子，并且由于绝大多数人都是这样想的，大家也就觉得这样理所当然，因此反而能享受到安分守己所带来的精神宁静。然而，现代人却从传统关系中解放出来，以往的那种基于出生的身份也因此失去了确定性。换言之，每个现代人都可以通过自己的奋斗来赢得身份。不可否认这有积极性的一面，但由于身份的稀少性，当

---

① ［英］阿兰·德波顿：《身份的焦虑》，陈广兴、南治国译，上海译文出版社 2009 年版，"序"第 5 页。

② ［印度］克里希那穆提：《恐惧的由来》，凯锋译，学林出版社 2007 年版，第 3 页。

每个人都这么想时，就会产生人与人之间激烈的竞争，不过这丝毫不能削减现代人对身份的渴求，反而会加剧它，因为谁都不愿意被别人视作无能的竞争者。弗洛姆就曾指出，在此背景下，"人受到希望超过竞争对手的欲望的驱使，完全改变了具有封建特征的两种态度，即每一个人在社会等级制度中，都有着传统的位置，他应该对此感到满足。……在这种具有社会流动性的社会里，每个人都为了争得最好的位置而不停地奋斗，哪怕经过筛选，只有少数人能达到目的，这种奋斗也不会停止下来"①。

其二，现代人视金钱为决定身份的重要标准之一。不同的社会将不同的人群看作是有身份的。例如，在斯巴达，拥有强健身体和勇敢品质的战士是有身份的；而在中世纪，拥有良好美德并虔诚信仰上帝的牧师才是有身份的。在过去，一个人有身份的重要表现在于有很多人簇拥着，而现今，一个人有身份的重要表现则是由大量的具有象征地位的物包围着。②这意味着身份在某种程度上取决于金钱。不同于美德或者智慧，金钱是一种有限的、外在的善，把它作为决定身份的标准之一，更容易激化人与人之间的竞争，因为一个人要想成功就必须比别人占有更多的金钱，但是一个人获得多了就必然意味着别人获得少了。当每个人都这么想之时，就会产生人与人之间激烈的竞争。面对这种无处不在的竞争，现代人自然会出现前所未有的身份焦虑。

（二）教育的身份功能及其实用化

"教育的身份功能，其实就是一种社会分层的功能，一种影响人们社会流动的重要因素。人们因不同的教育身份而处于不同的社会阶层，也因教育身份的改变而产生社会流动。"③在传统社会中，个人能否接受教育以及接受怎样的教育主要由各种等级决定，所以教育身份功能的"象征性"一面凸显，它只是一种派生的锦上添花式的象征或单纯的荣誉，而

① ［美］E. 弗洛姆：《健全的社会》，孙恺祥译，贵州人民出版社1994年版，第81页。
② ［法］让·鲍德里亚：《消费社会》，刘成富、全志钢译，南京大学出版社2008年版，第1页。
③ 陈振中：《论教育的身份赋予》，《华东师范大学学报》（教育科学版）2004年第4期。

很少有独立的功利价值。例如，西方社会中一直都有所谓的"双轨制"，贵族学生通过"文法学校"接受精英教育，普通大众则通过"现代中学"接受大众教育。在中国古代社会中也有"官学"和"私学"之分，"官学"是面向皇家贵族的子弟，"私学"则是面向普通百姓的孩子。隋唐之后，中国社会出现了"科举制"，这一制度的诞生使得平民子弟有机会通过这一层层选拔的考试制度获得社会阶层的上升。相比于之前"世袭制"和"举荐制"而言，"科举制"的诞生无疑是一种进步，但是"科举制"却也让教育多了一种重要的功能：身份功能。

在现代社会中，绝大部分地区在制度上都废除了等级制度，教育身份不再由先天的等级所决定，而是由后天的奋斗所决定。正如前文所述，面对着"个体化"的进程，教育竞争日趋激烈，教育的身份功能不仅没有减弱，反而不断增强，并呈现出实用化的趋势，人们不仅看重"教育程度"，而且还看重"教育途径"。由于身份焦虑和教育身份功能的双重凸显，现代人对教育抱以极大的期望。所以学校逐渐成为未来身份地位争夺的"角斗场"，学生之间的竞争逐渐成为病态竞争。

四、病态竞争的化解之道

化解病态竞争的必要性不言而喻。从表面看，似乎只要学校教育改变视分数为评价儿童的最高标准，改变把考试的失败等同于儿童整个人的失败，并停止不断地孤立和排斥"失败"的儿童的做法，就能有效地化解病态竞争。然而，如果现代人的身份焦虑依然凸显，那么作为现代社会中改变身份的最重要途径的学校教育就难以有效地化解病态竞争。因为身份本身的稀缺性决定了学校教育一定要不断地淘汰"失败"的儿童，最终选拔出极少数"成功"的儿童。为了更快捷、更"有效"地完成这一任务，学校教育必然会视分数为评价儿童的最高标准，因为分数是最简便的评价手段；学校教育自然也会把考试的失败等同于儿童整个人的失败，并不断地排斥"失败"的儿童。因此，学校教育要想从根源上化解病态竞争就必须转变现代人错误的价值观念。

（一）体认身份地位争夺的限度

体认身份争夺的限度是学校教育中病态竞争的一个化解之道。因为，如果现代人一味地试图通过竞争打败他人、让自己永远立于不败之地，很可能让自己陷入无休止的"战斗"之中。如果说传统社会中由于出生决定了身份，所以人们试图通过竞争赢得身份的动机还不够强烈，那么现代人的这种动机已经变得格外的强烈。在这种强大动机驱使下，现代人已经遗忘了通过竞争赢得身份应该是有限度的，或者说他们遗忘了人类幸福的获得也需要改变内心的价值观念，放弃竞争，寻求心灵的和谐宁静。当然，这绝不是要让学校教育把儿童都变成"隐士"，因为竞争与不竞争两者同样重要，缺一不可。只有前者，没有后者，人类就会陷入无休止的"战斗"；只有后者，没有前者，人类就会滑入消极遁世。[①]

伊壁鸠鲁曾认为，幸福是已经满足的欲望和所有欲望之间的函数关系问题，因此，当欲望无法满足之时，我们可以有两种选择：要么扩充我们实现欲望的手段，要么减少我们的欲望以适应现有的手段。并且，对于人类而言，"有些欲望是自然（而必需的，有些欲望自然而）非必需，还有些欲望既非自然亦非必需，而是由虚幻的想象所致"[②]。因此，对欲望的明鉴与合理的限制是确保心灵宁静、获取幸福的重要途径。从这个意义上看，如果学校教育要化解病态竞争，就不应该一味地鼓励竞争，而应该让学生分辨这些竞争是在满足合理的欲望还是不合理的欲望，并体认身份地位争夺的限度，从而减轻竞争的内在驱力。

（二）从追求分数到追寻美德

从追求分数到追寻美德是学校教育中病态竞争的另一个化解之道。因为，如果现代人在这种既渴望，又有可能赢得身份的背景下，却依然热衷于追求分数和金钱这些有限的且极易激化病态竞争的外在之善，而放弃美德与智慧那些无限的且使人卓越的内在之善，那么在身份焦虑的驱使下，

---

① 高德胜：《学校教育与恐惧制造》，《教育研究与实验》2010 年第 1 期。

② 罗晓颖选编：《菜园哲人伊壁鸠鲁》，罗晓颖等译，华夏出版社 2010 年版，"前言"第 1—3 页。

学校教育将永远化解不了病态竞争。

　　面对学校教育中的病态竞争，不少研究者认为解决问题的关键在于丰富优质教育资源。在现代社会中，优质教育资源对一个人的"成功"有着巨大影响，任何人都渴望获得优质教育资源，所以，一旦所有人都能获得优质教育资源，病态竞争自然会消失。不可否认，这条思路确实有一定的价值，因为优质教育资源的丰富，可以让更多的儿童接受优质的教育，更少的儿童被排除在外。然而，这条思路最大的问题就在于没有看清病态竞争产生的深层社会根源。在这个身份焦虑凸显的社会中，或者说谁都想做"人上人"的社会中，优质教育资源并没有绝对意义，而只有相对意义。如果说优质教育资源可以让现代人获得身份，那么，随着优质教育资源的丰富，现代人又会期望更优质的教育资源。因此，这条思路不仅不能从根本上解决问题，反而会加剧问题。相比于过去，虽然高等教育资源丰富了，但是学校教育中依然存在着视分数为评价儿童的最高标准的现象，把考试的失败等同于儿童整个人的失败，并不断地把"失败"的儿童排除在外。可以说，病态竞争不仅没有消失，反而愈演愈烈。

　　因此，必须转变解决问题的思路，在丰富优质教育资源的同时，更为重要的是改变儿童的价值观念，同时也是改变未来人的价值观念。学校教育不应该把终极的教育目的定位于分数这种极为有限的外在之善上，而应该定位于美德这种无限的、持久的内在之善上。分数之所以有限是因为分数抽象化、等级化的特性，不仅会造成教育评价的狭隘化，而且还会造成教育中始终存在的"失败者"（因为"第一"永远只有一个）。美德之所以无限是因为美德是对一个人整体特性的评价，它不仅不会造成教育评价的狭隘化，而且还可以让教育中的所有儿童都成为成功者（因为拥有德性之人永远不止一个）。因此，如果说分数的特性必定会激化竞争，那么美德的特性则有利于化解竞争。除此之外，追求美德的过程还能促使追求者互相体谅、互相帮助、和谐相处，因为美德不仅要求自我的完善，也要求他人的完善。

　　学校教育中病态竞争的深层根源是现代人的价值观念的偏差，因此，学校教育需要从转变现代人的错误观念入手。如果说体认身份争夺的限度，从追求分数到追寻美德都是强调从内部转变现代人的错误观念，那么学校教育也需要建构一个合理的外部环境，来保证和巩固这种错误观念的转变。杜威曾经表达过这样的观点，学校是改变人类，也是改变世界最为重要的地方，因为学校是一种特殊的社会环境，这种社会环境有三个显著的特点："一是简化和安排所要发展的倾向的许多因素；二是净化现有的社会习惯并使其观念化；三是创造一个更加广阔和更加平衡的环境，使青少年不受原来环境的限制"①。如果说现代人的错误观念是现代社会的产物，那么要转变这种错误观念一定离不开学校建构的合理的、新型的社会环境。具体而言，学校还需要在这样几个方面不断努力：其一，构建多元的教育评价体系，尤其重视对学生整体性、独特性的评价；其二，降低分数在整个教育体系中的重要性，尤其是在升学、就业等环节；其三，加大人文教育的比重，凸显"为何而生"的教育。

第三节 现代教育的困境与"行动"的教育

现代教育克服了古代教育的种种问题，却又陷入了新的困境：例如某种程度上丧失了自由性、公共性，有只重视结果（分数）而不重视过程的倾向。现代教育的困境是因其被现代社会中兴起的"劳动"进程同化了，"劳动"的胜利，不仅让现代人深陷于生存必然性之中，而且还通过剥夺人的多样性和摧毁人类共同的世界，剥夺了人生的价值与意义。解决现代教育的困境需要构建"行动"的教育，因为，"行动"的教育直面人的诞生的事实，并承担起"新人"成长和维护"世界"存续的重大责任。

———————

① ［美］约翰·杜威：《民主主义与教育》，王承绪译，人民教育出版社 2001 年版，第 29 页。

一、现代教育的困境

（一）丧失自由性的困境

现代教育的第一个困境是其逐渐从"成人"的自由活动变成"谋生"的活动。在这个异化过程中，现代教育的目的似乎已不再是培养"新人"，追寻人性完满的实现，而是寻求一份维持生存的体面工作。所以尼采说，"利益——更确切地说，收入，尽量多赚钱——成了教育的目的和目标"①。当教育变为"谋生"的手段时，教育就不再是目的本身，而是实现其他目的手段，教育原本的自由性也就不复存在了。现代教育变为"谋生"的工具，并不仅仅意味着获取一份职业，还意味着获取一份体面的职业。但是，无论教育是为了"谋生"还是为了更好地"谋生"，都使教育丧失了所应有的自由本性。列奥·施特劳斯（Leo Strauss）就曾明确指出，自由性的教育与"谋生"是毫无关联的②。

由于现代社会不同于古典社会，因此，现代教育不可能完全与"谋生"脱离关系，或者说现代教育具有一定的"谋生"功能，但是，它绝不是教育的本质功能，充其量只是教育的附属功能。努斯鲍姆就指出，"教育首先是育人，其次才是授业，更不是培养为别人或自己赚钱的会说话工具"③。当教育异化为"谋生"的工具时，其实质是教育的附属功能僭越教育的本质功能。在这种情况下，"人文学科和艺术教育正在被砍掉，中小学是如此，学院和综合大学也是如此，事实上，世界各国无不如此"④，它们只注重那些与升学有关的应试知识和技能的学习，只注重那些与就业有关的实用知识和技能的学习。那些对于升学和就业可能都无用

---

① ［德］弗里德里希·尼采：《论我们教育机构的未来》，周国平译，译林出版社2012年版，第25页。
② ［美］列奥·施特劳斯：《古今自由主义》，马志娟译，江苏人民出版社2012年版，第5页。
③ ［美］玛莎·努斯鲍姆：《告别功利：人文教育忧思录》，肖聿译，新华出版社2010年版，"译序"第6页。
④ ［美］玛莎·努斯鲍姆：《告别功利：人文教育忧思录》，肖聿译，新华出版社2010年版，第3页。

的"成人"的知识则被边缘化，甚至被完全抛弃。换言之，现代教育更强调教会学生"何以为生"的知识和本领。然而，由于现代教育弱化了"为何而生"的教育，"抛弃塑造人自由心灵的那把神圣的尺度，把一切教育的无限目的都化解为谋取生存适应的有限目的，教育也就失却了它本真的意蕴"①，失去了它的自由性。

（二）背弃公共性的困境

现代教育的第二个困境是它逐步背弃了公共性。从本质上看，教育不仅要实现个人的完善，还要实现"世界"的完善。因为，没有"世界"的完善，个人的完善就不可能。阿伦特站在古希腊的立场认为，"世界"的持久存在帮助我们抵御了自然过程的侵蚀和个人生活的空虚，为人的终有一死提供了一个稳固背景，同时也是实现人之卓越的舞台。此外，教育不仅要考虑这一代人的公共福祉，而且还要考虑今后每一代人的公共福祉，所以教育也担负着维护"世界"的公共责任。

如果说公共性是教育的根本属性之一，那么现代教育在一定程度上背离了这一根本属性。首先表现为教育的"市场化"。在这个过程中，大、中、小学都开始把赢得市场竞争作为主要任务。换言之，从某种意义上说，现代教育已经从根本上偏离它本真的意义，成了一种在工具理性操作下的功利主义教育。学校之间为赢得竞争殚精竭虑，而这样的竞争又会激化学生之间的竞争。考试是现代教育中最常见的竞争方式，虽然这种竞争方式表面上看起来是公平的、公正的，但不可否认，同样的考试，有些人可以通过金钱和关系让自己的孩子接受更好的校外辅导，那些弱势群体的孩子这样的机会就少多了。

现代教育背离公共性还表现为它在有意无意地培养"成功"的占有者。现代教育常常仅仅关注那些"优秀的学生"，给予他们充分的荣誉、利益和权利，从而让他们更好地获得光鲜的社会身份，最终成为社会上层的一分子。因此，在学生眼中，教育自然就变成了个人奋斗的场所，变成

---

① 鲁洁：《道德教育的当代论域》，人民出版社 2005 年版，第 161—162 页。

了个人成功地获得社会地位、占有社会身份的手段和方式。虽然教育应该具有实现个人幸福的功能，但教育的主要功能不在于此。① 因为，如果教育仅仅是以占有的功能来衡量何谓受过教育的人，就会把教育的私人性与公共性的界限模糊了，教育也就与培养公民的社会责任渐行渐远了。

（三）只重视结果，而不重视过程的困境

当教育过度注重"谋生"的手段，甚至成为"私利"的附庸之时，它就很难再重视教育过程本身，而会将教育的最终结果，即分数，视为重中之重，因为只有分数才能"有效"地衡量教育的最终价值，这使得现代教育产生了第三个困境。"分数崇拜"常常表现为过分地喜爱以数字化评价方式来衡量教育的效果。在"分数崇拜"笼罩的阴影下，所谓的"优秀学生"就仅仅是那些能够在各级各类的重要考试中取得优异成绩的学生；所谓的"优秀教师"就仅仅是那些能够在各级各类的重要考试中提高学生分数的教师，而师德、师道这类"软性"指标则无足轻重；所谓的"优质学校"就仅仅是那些"升学率"高，尤其是重点学校"升学率"高的学校，如果没有这些作为前提，就算有着先进的教育理念和悠久的教育传统，也不可能成为一所"优质学校"。因此，在当今的社会中，各中小学校吸引家长和学生的最有效号召就是"升学率"。对于高校而言，就业率和就业前景则是人们关注的重点，所以那些就业率高、就业前景好的专业报考人数总是很多，而那些强调基础、重视理论的基础性专业报考人数相对较少，因此，学校在招生宣传时，往往也格外强调此方面。从表面上看，这并没有什么问题，但如果去询问那些报考这些热门专业的学生，就会发现部分人并不了解这个专业，甚至根本不喜欢这个专

---

① 在施特劳斯学派看来，整个现代性的根本问题就在于，个人利益被放在了太高的位置，而使得古典的美德伦理学被抛弃。古典的美德伦理学认为，人的最高价值不是个人利益的最大实现，而是公共利益的最大实现。公共利益的存在为每一个个体的人提供了存在的绝对意义与价值，否则个体只能在感性欲望中寻找终极的价值与意义，其结果必然是虚无。现代教育的问题也是如此，个人的福祉被定位为教育的终极目的，最终导致了教育中虚无主义盛行。（参见贺照田主编：《西方现代性的曲折与展开》，吉林人民出版社2002年版，第86—101页；金生鈜：《规训与教化》，教育科学出版社2004年版，第136—201页。）

业，只是因为它的就业率高、就业前景好。所以，常常会出现一些学生进入这个专业学习后感到失望，因为发现这个专业根本不符合自己的兴趣。

现代教育的这一困境还表现为教育把价值定位于明天，而忽视今天。英国著名教育家斯宾塞曾指出，教育是要为明天美好的生活做准备的。因此，要想明天过上美好的生活，今天的教育就要让孩子去学习那些对于明天来说最有价值的知识，而今天教育的价值也有赖于明天是否过上美好的生活来检验。可以说，这样的教育价值观为教育内容选择指出了一条明确的道路，在很大程度上促进了现代教育的发展。但是，这样的教育价值观也存在着很大的弊病，这就是它无法让孩子们真正地体验此时此刻的教育，体验教育本身所蕴含的乐趣与价值。如果教育始终把价值放在未来，那么孩子们将永远都在为了明天而生活，永远也体验不到今天的乐趣与价值。杜威之所以要提出"教育无目的论"，很重要的原因就在于此。在他看来，教育不是为了永远的未来而存在，而是为了当下而存在，此时此刻的感触与"生长"就是教育的真谛所在。现代教育所带来的种种痛苦就在于它忽视了儿童当下的教育体验。

二、"劳动"的胜利：困境的社会根源

现代教育的困境不仅仅是教育本身的问题，也是现代社会的问题，即现代教育被现代社会中兴起的"劳动"进程同化了。

（一）何谓"劳动"

在古典时代，"劳动是与人身体的生物过程相应的活动"[1]，即满足生存必需性的活动。劳动对应的人在世存在的处境是生命本身。在阿伦特看来，劳动具有这样几个特点：其一，"劳动"是不自由的活动。因为自由意味着自足，不役于物，不假外求，以自身为目的，受制于生存必需性的活动本质上是不自由的。如果说"劳动"是满足生存必需性的活动，

---

[1]　王寅丽：《汉娜·阿伦特：在哲学与政治之间》，上海人民出版社 2008 年版，第89页。

那么"劳动"就是一种不自由的活动。其二,"劳动"并不关涉公共性。一方面,因为伴随"劳动"的体验是直接的身体经验,虽然它让人体验到还活着的感觉,但它却是私人的、不可交流的。另一方面,因为"劳动"这种"私人性、生存性活动所到之处,每一个物品都变成了消费品,都只有再生产劳动力的功能,并迅速地消解到纯粹的生命过程当中;人们不再拥有一个共同世界了,失去世界的大众只是一群生产和消费的动物,不再有任何行动和思想的能力"①。其三,"劳动"都只重视结果,而不重视过程。因为它的目的仅仅是满足人类生存的必然性需要,所以,只要能生产出满足这种需求的消费品,采取哪种生产方式都无所谓。此外,由于"劳动"的过程仅仅是生产、消费和再生产的循环往复,这个过程本身确实也不具有任何个性色彩,因而也不具有任何独特的意义,自然也就不重要了。

（二）"劳动"的胜利

在现代社会中,"劳动"取得了胜利,其表现为现代人从事的任何活动都受到了生存必然性的束缚,换言之,现代人从事的任何活动都是为了（更好地）"谋生"②。所以,阿伦特说,在现代人所做的事情中,仅仅剩下了一股生命过程本身的力量,它要求所有的人类活动都同样地服从于它,以实现它的唯一目的,即作为动物性的人的生存。就个体生命和种群生命联系起来而言,不再有任何更高的能力是必需的,因为种群生命就是由个体生命所组成的,而满足这所有需要的就是"劳动",用以确保个体的生命及其家庭生命的延续③。

---

① 王寅丽:《汉娜·阿伦特:在哲学与政治之间》,上海人民出版社2008年版,第108页。

② 此处的"谋生"要作广义理解,因为在现代社会中,"谋生"不仅是为了满足自然性的生存需要,而且也是为了满足社会性的生存需要。从自然性的角度看,人的生存需要是极为有限的,从社会性的角度看,人的生存需要却是无限的。然而,无论是自然性的还是社会性的生存需要都是屈从于欲望的生活,毫无自由可言,也不可能实现人的超越性与公共性。

③ ［美］汉娜·阿伦特:《人的境况》,王寅丽译,上海人民出版社2009年版,第254页。

"劳动"的胜利必然伴随着"消费社会"的兴起。一方面这是因为"劳动"过程的无休止只能靠消费需求的持续刺激来保证。换言之，只有以飞快的速度不断更新，在使用和消费之间、在使用物的相对持久和消费品的转瞬即逝之间的客观差别逐渐消失的情况下，"劳动"的无休止才能得到保证①。另一方面，因为"劳动"受困于生命过程生生不息的循环，自身并不能赋予生活以意义，但人又是一个追寻意义的存在，结果现代人只能通过不断地消费、"更好"地消费来获得意义。鲍德里亚曾用"消费社会"描绘现代人"受到物的包围"，而越来越成为一种"官能性的人"的社会现实。在"消费社会"中，作为"人类的活动的产物"，这种由人自己造出来的物不仅不能服务于人，倒"反过来包围人、围困人"。如果说在以往的文明中，能够在人类的诞生和死亡之后保存下来的是物，是经久不衰的建筑物或工具，那么在今天的文明中，看到物的产生、完善与消亡的就是人类自己。②

（三）"劳动"的胜利导致了现代教育的困境

"劳动"的胜利带来的是现代人沉沦于生命延续的循环反复之中，在这个循环之中，人存在的终极目的就是生命本身。在这种境遇下，人必然屈从于生存的必然性。换言之，人从事的一切活动似乎都是为了"谋生"。教育是现代人获取"谋生"的职业的最重要途径，在这种背景下，现代教育在一定程度上就沦为了"谋生"的工具，丧失其自由性。

"劳动"的胜利，不仅让人深陷于生存必然性之中，而且还剥夺了人生的价值与意义。因为人的价值与意义基于两个非常重要的前提：其一是人的多样性。"劳动"的胜利剥夺了人的多样性，把人都变成了屈从于生存必然性的存在。其实，人的多样性是建立在超越生存必然性的基础上

① ［美］汉娜·阿伦特：《人的境况》，王寅丽译，上海人民出版社2009年版，第90—91页。

② ［法］让·鲍德里亚：《消费社会》，刘成富、全志钢译，南京大学出版社2008年版，第2页。

的。在阿伦特看来，它是通过在公共领域中的行动和言说来实现的。人的多样性被剥夺后，人生的价值与意义也就只能通过消费能力的高低来衡量，在教育领域中只能通过考试能力的高低来衡量，其结果必然是对金钱的极度崇拜和对分数的极度崇拜，这两种崇拜由于其内在机制类似，所以金钱崇拜是分数崇拜的社会根源，而分数崇拜又成为金钱崇拜的教育原因。

其二是人的共同世界。当人有了共同的世界，或者说共同的、确定的标准时，人类才能获得价值与意义。现代社会中之所以出现价值虚无主义就是因为现代社会中已经没有了超验的、绝对的价值标准。"劳动"的胜利必然会蚕食人类共同的世界。从物质层面看，在"劳动"的世界中，生产的产品都是消费品，其存在的时间极其短暂，因为它们存在的目的就是要被人们快速消费掉。从精神层面看，在"劳动"的世界中，人被剥夺了价值与意义，沉沦于生命的循环反复之中，价值与意义就是在于人的消费能力的高低。换言之，在"劳动"的世界中，"新人"的诞生被终止了，因此也没有了不断涌现的"新人"通过行动与言说来维护和更新我们的"世界"。真正的人、一个具有公共精神的人消逝了，取而代之的是消费的人、自私的人。对于这些消费的人和自私的人而言，教育只是它们获取私人利益的工具。

三、"行动"的教育：困境的出路

面对劳动的胜利造成的现代教育的困境，教育应该何为？是屈从于劳动的进程，让教育成为谋生的工具，不断培育只关注自己私利的消费者，还是转变现状，对劳动的进程提供一份拉力？

（一）为什么要构建"行动"的教育

现代教育的困境是因为"劳动"的胜利，而"劳动"的胜利的最大问题就是人存在的价值和意义变成了生命的简单循环反复，超越于生命的价值和意义已经不复存在。既然"世界"已经不再能给现代人提供一个持久性的生存空间，现代人必然只能沉沦于生产与消费的不断循环之中，而不能得以超越。要解决现代教育的困境，对现代社会中"劳动"的胜利产生一份拉力，需要构建"行动"的教育。因为，"行动"的教育可以直面人的诞生，并承担起"新人"的成长和"世界"的存续的重大责任，为他们准备更新世界的能力，为生活在这个世界中的每一代人提供一个永恒的家园。

其一，"行动"的教育是关注新人诞生性的教育。阿伦特指出，如果儿童在人类世界中只是一个未发育完全的生物性存在而不是一个"新来者"的话，那么教育也就只能拥有一种维持生命的机能，需要考虑的就仅仅是教他们"如何为生"，就像其他动物对自己的幼崽那样。然而，人类的父母不仅孕育了孩子的生命，而且同时还要把他们带入这个世界。①这样的使命要求教育关注"新人"的诞生性。关注"新人"的诞生性就是要承认人并非天生为人，成人是需要教育的；承认人的多样性，把学生的价值定位为分数高低是对人的多样性的否定。当教育开始关注"新人"的诞生性，就会对教育的"谋生"功能产生一种约束，使其限定在合理的位置。其实，关注"新人"的诞生性，就是要重申教育的自由本性，重申教育的成人本性。

其二，行动的教育是关注世界持久性的教育。阿伦特指出，教育的关键就在于，我们对于这个世界的热爱能否大到让我们承担起维护世界的责任，让它免于毁灭，因为如果没有新的、年轻的面孔源源不断地加入并重建它，那么它的毁灭将是不可避免的。② 教育之所以要关注世界的持久性，是因为"新人的诞生性"与"世界的持续性"之间有着密切关系，只有通过"新人"源源不断地诞生，并以"行动"让新的意义源源不断地涌现，"世界"才能得以持续下去，同样，只有"世界"得以持续存在，"新人"才能抵御死亡的威胁，超越生存的必需性，并拥有创造意义的

---

① ［美］汉娜·阿伦特：《过去与未来之间》，王寅丽、张立立译，译林出版社 2011年版，第 173 页。

② ［美］汉娜·阿伦特：《过去与未来之间》，王寅丽、张立立译，译林出版社 2011年版，第 182 页。

舞台。关注世界的持久性，意味着"行动"的教育不仅指向个人的完善，同时指向世界的完善。换言之，"行动"的教育不仅追求个人之善，而且追求公共之善。当前教育沦为私利的附庸，就是我们没有意识到追求公共之善也是教育的终极使命，也没有意识到个人之善与公共之善之间的密切关系。

正因为"行动"的教育既重视"新人"的诞生性，又重视世界的持久性，所以它培养的是以维护和更新世界为己任的"新人"。当这样的"新人"走向社会，他们必然会对劳动的社会产生一份拉力。因为他们相信在生命循环反复之外，在生产和消费之外，还有更大的价值和意义，即维护和更新这个世界。这不仅成就了人之卓越性，也实现了公共之善。当然，这种抵制并不是要彻底否定劳动，而是像阿伦特所说的，让劳动回归其本应有的位置。因为"劳动"和"行动"① 各自是不可替代的，它们对应于人在地球上的生活被给定的不同处境。如果说劳动使人类得以生存，那么行动则给予人类以价值与意义。

（二）如何建构"行动"的教育

"行动"的教育是从社会根源的角度化解现代教育困境的重要路径，那么该如何构建"行动"的教育呢？

其一，把教育转向过去，即转向人类长久以来积淀下来的经典，通过经典的学习，让"新人"诞生。阿伦特指出，教育的主要功能在于告诉学生这个世界究竟是怎样的，而不在于教他们某种谋生的本领。如果说世界是古老的，比我们当下每个个体都要古老，那么教育就不可避免地要指向过去，而不管有多少生命活在当下。② 通俗地说，把教育转向过去，就是要对学生进行自由的教育，进行成人的教育，而这种教育的主要内容就是学习经典的人文著作。为什么这样是行之有效的呢？这是因为人类有

---

① 阿伦特把人类的活动划分为三种，即劳动、工作和行动。"工作是与人存在的非自然性相应的活动"，即制作人造世界的活动。因为本书没有涉及太多关于"工作"的论述，并且在现代社会中"劳动"和"工作"有融合的趋势，所以，这里不再详细解释"工作"。

② ［美］汉娜·阿伦特：《过去与未来之间》，王寅丽、张立立译，译林出版社2011年版，第181页。

"共通感"，学生可以通过经典著作获得成人的知识，或者说获得何以为生的知识。

其二，让教育指向未来，即指向个人的卓越与世界的更新。从阿伦特，也是古希腊的教育立场看，人之卓越的体现就在于人的公共性，而人的公共性就体现在对这个世界的更新与维护之上。所以，个人卓越的实现与世界的维护与更新是一致的。因此，教育指向未来的实质就是要重申教育的公共性。

其三，让教育成为从过去走向未来的过程与桥梁，即让人从过去中诞生，并最终走向未来。"行动"的教育是指向未来的，但是指向未来的前提是要关注过去，只有关注过去，才能培养出"新人"。换言之，教育应该是在过去与未来之间的中介。所以，阿伦特指出，正常情况下，孩子首先在学校里被引入世界，它是一个我们在家庭的私人领域和世界之间设立的机构，以便顺利地让孩子完成从家庭到世界的过渡。在教育阶段中，成年人再次承担起对孩子的责任，不过这份责任不是关于他们生长发育的责任，而是关于他们个性和天赋自由发展的责任。由于孩子还不熟悉我们生活的世界，他们必须缓慢地被引入；由于他是"新来"的，必须留意让他们和原有的世界顺利接轨。正因为教育是过去走向未来的中介，教育本身应该也具有行动的某些特性。因为，"行动"不是一下就会的，它需要教育，因此，教育领域要建构公共空间。既然教育作为从过去到未来的中介，教育本身的过程就有着极其重要的价值。

第四节　教育与生存关系的演变及教育竞争的化解

在历史上，教育与生存的关系曾经历了从融于一体到绝对排斥的演变，而今的教育又过度热衷于生存。无论是排斥生存还是热衷生存，其实质都是以二元对立的思维方式对待教育与生存的关系。现代人需要克服这种二元对立，重建一种完整的教育，这种教育不仅能帮助人们获得赖以生存的职业，也能引导人们学会过闲暇的生活。一方面，我们需要确认自由教育具有谋生的意义，因为它为现代人的谋生提供了基本的素质条件。另一方面，我们需要确认谋生的教育也蕴含自由的成分：如果现代人赖以生存的职业是出自个人的兴趣，如果他们赖以生存的职业包含着复杂的理智成分，如果我们真正理解了职业的内涵，那么谋生的教育就可以蕴含自由的成分。

一、教育与生存关系的历史演变

在原始社会中，教育与生存是融于一体的。一方面，教育以生存为目的，因为当时的"人们只有竭尽全力去打猎、捕鱼或从事农业生产，才能得到足够的食物维持自己的生活"①。在这种情况下，教育的目的必然是传承维持生存的基本技能，除此之外的教育目的是不可能存在的。另一方面，教育也需要通过生活来进行，它就存在于打猎、制造工具、精神抚慰等日常活动中，因为当时的人们还没有时间从事正规教育以及经过认真安排的专门训练。虽然在原始社会中，教育与生存是融于一体的，但是这种融合还只是一种无意识、低水平的联系。一方面是由于当时的人们尚未有目的、有计划地去实现教育的生存功能，教育仅仅是在日常生活中自然而然地进行的；另一方面是由于当时还没有出现维持生存之外的教育目的，教育也不需要去处理维持生存与其他教育目的之间的复杂关系。

但是，随着社会生产力的发展，一部分人可以摆脱生存劳动成为闲暇阶层，正规教育或学校教育也就随之产生了。在此过程中，教育与生存的关系也发生了变化，教育②开始排斥生存，并逐渐与生存相脱离，变成一

---

① 参见［美］约翰·S.布鲁巴克：《教育问题史》，单中惠、王强译，山东教育出版社 2012 年版，第 80 页。

② 此处所说的教育是指正规教育，因为在古代社会中依然还存在着以传承生存技能为主要目的的非正规教育。布鲁巴克指出："……在当时没有任何一类正规教育是符合那些体力劳动者需要的。在过去的许多世纪中，体力劳动者所需要认识的一切东西，都是他们在日常劳动过程中以非正式学习形式学会的。"（［美］约翰·S.布鲁巴克：《教育问题史》，单中惠、王强译，山东教育出版社 2012 年版，第 87—88 页。）

种纯粹的闲暇活动。把闲暇等同于学校，体现了当时经济状况的进步和成就。当经济发展到一定程度时，教育就不仅是人们追求的一种手段，同时也成为人们追求的一个目的。然而，"一直到 19 世纪，即使在经济最繁荣的时期，社会财富也仅仅能保障社会中很少一部分人接受学校教育……只能供养社会上层和中上层阶级接受教育"①。卢梭曾说，"穷人是不需要接受什么教育的，他所生活的环境教育是强迫性的，他们不可能再接受其他教育了"②。除了经济的原因，古代社会的等级制度也决定了只有少部分特权阶层可以接受教育。在古代社会中，并不是每个人都可以通过自己的劳动而获得闲暇。因为闲暇是被一定的特权阶级所占有的，是社会等级差别的象征。"这个特权阶级就是奴隶主贵族阶级或封建贵族阶级，他们之所以拥有闲暇就是因为他们依靠对另一个阶级——古代的奴隶、中世纪的农奴的奴役和经济上的剥削。"③ 雅典和斯巴达的教育虽然有一定的民主性，但也并非人人都有资格接受教育，公民身份和一定量的财产是前提。普通大众获得教育权利，那是非常晚近的事情④。

在古代社会中，由于闲暇时间的出现，教育与生存的关系发生了变化，它开始排斥生存，这也预示着教育内容的变化。古代这种有赖于闲暇的教育主要是"自由教育"，或者说是"博雅教育"。在这方面，希腊人是最好的典型。他们长期坚持不懈地利用闲暇时间探究各种学问，其结果是他们语言中"空闲"（leisure）一词演变成为学校的隐喻，教育也逐渐特指"自由教育"。事实上，在西方大部分语言中，"学校"（school）一词都是从希腊古老的词汇演变而来的。闲暇与教育的关系得到了人们广泛的认识。《德训篇》这样写道："有学问者的智慧来自闲暇。唯有那

---

① ［美］约翰·S. 布鲁巴克：《教育问题史》，单中惠、王强译，山东教育出版社 2012 年版，第 85 页。

② ［爱尔兰］弗兰克·M. 弗拉纳根：《最伟大的教育家：从苏格拉底到杜威》，卢立涛、安传达译，华东师范大学出版社 2009 年版，第 97 页。

③ ［美］约翰·S. 布鲁巴克：《教育问题史》，单中惠、王强译，山东教育出版社 2012 年版，第 87 页。

④ 高德胜：《教育：从一端到中道》，《高等教育研究》2015 年第 10 期。

些不被生活事务所束缚之人，才能成为智者。一个终日要农耕、放牧、养牛或专门从事体力劳动的人，只谈论一些琐碎小事，怎么能获得智慧呢?"①

正因如此，古代教育几乎是排斥生存的，在古代中国，人们把那种追求人格完善的教育才视为真正的教育。在古希腊，人们也非常鄙视那种为了生存而接受的教育，甚至认为那根本就不能被称为教育。亚里士多德认为，适用于自由民②的教育就是自由教育。其特有目的就是开发智力，因为智力或理性是一个人区别于野蛮人的最显著标志之一。"按照自由教育的理想，人不仅能成为最好的公民，甚至可以达到自我实现的目的，即生活的最高目标——幸福"③，这也成了古希腊的课程忽视职业教育的主要原因。但是纯粹的自由教育也不是没有问题的，布鲁巴克就指出:"当人们把教育作为维持人类社会延续的一种手段时，就要不断地检查教育的效能，从而也实现了生活的目的。但是，一旦闲暇阶级把教育作为一个独立的目的，教育就有可能变得深奥和具有脱离生活的危险。"④

古代教育追求自由的本性固然有其积极意义，但由于并不是所有人都能接受这种教育，这使得古代教育包含了阶层的分化与对立。在古代社会中，"社会阶级本质上反映着一个人的社会地位。一个人的出身，决定了他将过着苦难生活，还是将享受闲暇生活"⑤。在这种阶层分化和对立的社会中，那种适宜于有闲阶级满足其闲暇需要的教育，其发展取向明显不

---

① 转引自［美］约翰·S. 布鲁巴克:《教育问题史》，单中惠、王强译，山东教育出版社 2012 年版，第 81 页。

② 亚里士多德认为，公民在本质上是自由民。"自由民具有两个特征:一是在政治上，他们可以当兵、选举、担任公职;二是在经济上，他们无需做奴仆所做的那些卑微劳动。"(［美］约翰·S. 布鲁巴克:《教育问题史》，单中惠、王强译，山东教育出版社 2012 年版，第 4 页。)

③ ［美］约翰·S. 布鲁巴克:《教育问题史》，单中惠、王强译，山东教育出版社 2012 年版，第 4 页。

④ ［美］约翰·S. 布鲁巴克:《教育问题史》，单中惠、王强译，山东教育出版社 2012 年版，第 82 页。

⑤ ［美］约翰·S. 布鲁巴克:《教育问题史》，单中惠、王强译，山东教育出版社 2012 年版，第 87 页。

同于体力劳动者的教育需要。亚里士多德甚至还认为，适合这两大社会阶级需要的不同教育类型有其合理性。因为，在人的心理中存在着两个特性，即欲望和理性，高级特性（即理性）指导和控制着低级特性（即欲望），个人的这两种特性对应着社会的两大阶级。因此，教育也需要两种，一种是心灵的教育，一种是躯体的训练。"一种教育在于思维，另一种教育在于做事，前者是脑力劳动，后者是体力劳动。一种教育需要闲暇以促进观念的发展，另一种教育需要工作机会。"[1] 正因有这样的观念，杜威曾批判性地指出，在教育史上，也许劳动与闲暇是最根深蒂固的两个相反目的。这个对立并非由于教育的本身，而是反映了社会生活间的区别划分[2]。

古代教育不仅反映了阶层的分化与对立，同时也维护着阶层的分化与对立。在古代社会中，教育是根据阶级来划分的，人们认为奴隶式的训练更适合必须以劳动为谋生的阶级，而文雅的教育更适合无须劳动即可维生的阶级，这种观念会造成社会中出现一种鄙视谋生及谋生教育的风气。如果说有闲阶层接受自由教育、排斥谋生的教育，而无闲阶层只能接受谋生的教育，无法接受自由教育，那么教育就不是在消除分化和对立，而是在维护甚至加剧这种分化和对立。因此，"教育应注意的是要避免这种训练因不经意的忽略而产生的恶果。当这些兴趣的划分与社会高低阶层的区分相一致时，预备的工作会被看轻，认为是没有价值的事"[3]。

二、教育与生存关系的现实境况

古代教育是少数摆脱了生存劳动的闲暇者的特权，这种教育在内容上排斥生存，同时它也在维护着二元对立的阶层划分。那么，进入现代社会

---

① ［美］约翰·S. 布鲁巴克：《教育问题史》，单中惠、王强译，山东教育出版社2012年版，第88页。

② ［美］约翰·杜威：《民主主义与教育》，林宝山译，（台北）五南图书出版公司1978年版，第257页。

③ ［美］约翰·杜威：《民主主义与教育》，林宝山译，（台北）五南图书出版公司1978年版，第258页。

以来，教育与生存的关系又发生了哪些变化呢？在现代社会中，教育成为每个人的基本权利。在古代社会，人们把一切事物都视为万能的主宰按照事物的自然制度所作的安排，因而甘愿忍受一切痛苦。现代社会则不然，人们已不再甘心把人分成不同的阶级而使自己居于不平等的地位。人们开始相信："一个人有实现他自己的潜力和享有创造他自己未来的权利……教育不仅是人人都可享受的，而且它的目的和方法都已经是重新考虑过的"①；"教育应扩展到一个人的整个一生，教育不仅是大家都可以得到的，而且是每个人生活的一部分，教育应把社会的发展和人的潜力的实现作为它的目的"②。

当然，教育成为每个人的基本权利经历了漫长的过程。首先是中产阶级对教育权利的呼吁。当中产阶级正在兴起并为争取社会地位而进行斗争时，虽然他们的经济财富还远没有达到能够使自己摆脱艰辛劳动的程度，但是他们的勤奋和创业精神为他们获得了巨大利润，一个由新的中产阶级构成的闲暇阶层正在形成。这使得古典自由教育观念得以复兴，同时也使得中产阶级要求接受自由教育的热情日益高涨。随后是工人阶层对教育权利的呼吁。工业革命创造出了巨大的经济能量，这使得社会中下层阶层也开始发出他们自己的声音，提出教育的要求，要求教育不是作为一种慈善事业，而是作为一种权利。③

当教育成为每个人的基本权利之后，教育也越来越热衷于生存的功能。一方面是因为每个人都要通过教育获得一份赖以生存的技能；另一方面是因为现代社会中各个阶层地位的变化，这主要是指中产阶级和工人阶级社会地位的提升。随着中产阶级社会地位的提升，适合于中产阶级的实用教育越来越受到民众的赞誉；工人阶级社会地位的提升，也带来一场巨大的

---

①　联合国教科文组织国际教育发展委员会编著：《学会生存——教育世界的今天和明天》，华东师范大学比较教育研究所译，教育科学出版社1996年版，"呈送报告"第2页。

②　联合国教科文组织国际教育发展委员会编著：《学会生存——教育世界的今天和明天》，华东师范大学比较教育研究所译，教育科学出版社1996年版，"复函"第5页。

③　［美］约翰·S.布鲁巴克：《教育问题史》，单中惠、王强译，山东教育出版社2012年版，第89—93页。

教育革命，教育的文化重心逐步由中产阶级文化主导过渡到由下层阶层文化主导。这使得长期沿用的教育形式瓦解了，必然要求彻底重建教育观①，而重建的一个重要方向就是生存，因为工人阶级首先要解决的就是生存的问题。但是，这并不意味着全部学校体系都转型为职业教育，而只是把无产阶级的主要活动——劳动作为学校的基本课程。相反，社会的、科学的和美学的学科不仅没有被忽视，而且这些学科的教学目的是扩大和丰富工人的生活②。这些意味着现代教育必须要首先满足普通大众生存的需要，在此基础上还要考虑他们闲暇生活的需要。

随着教育对象的普及，教育内容与生存的关系越来越密切，现代教育的困境也日益凸显，这主要集中在教育的功利化和竞技化上。玛莎·努斯鲍姆（Martha Nussbaum）在批评当下的教育时指出，教育首先是育人，其次才是授业，更不是培养为别人或自己赚钱的会说话工具。③然而，在现代学校中，人文学科和艺术正在被缩减，正在走下坡路。各国为了保持在全球的竞争力，都通过强调有用的、高度实用的、适于短期赢利的技能教育，去追求短期的经济效益。④尼采的批评更严厉，他认为，当下出现的扩大教育的倾向，使得教育沦为谋利的手段。在这里，利益——更确切地说，收入，尽量多赚钱——成了教育的目的和目标。教育似乎被定义成了一种眼力，一个人凭借它可以"出人头地"，可以识别一切容易赚到钱的捷径。人们追求一种速成教育，以求能够快速成为一个挣钱的生物，以及一种所谓的深造教育，以求能够成为一个挣许多钱的生物。⑤

---

① ［美］约翰·S. 布鲁巴克：《教育问题史》，单中惠、王强译，山东教育出版社2012年版，第89—93页。

② ［美］约翰·S. 布鲁巴克：《教育问题史》，单中惠、王强译，山东教育出版社2012年版，第101页。

③ ［美］玛莎·努斯鲍姆：《告别功利：人文教育忧思录》，肖聿译，新华出版社2010年版，"译序"第6页。

④ ［美］玛莎·努斯鲍姆：《告别功利：人文教育忧思录》，肖聿译，新华出版社2010年版，第162页。

⑤ ［德］弗里德里希·尼采：《论我们教育机构的未来》，周国平译，译林出版社2012年版，第25页。

与教育的功利化紧密相关的就是教育的竞技化，即教育竞争问题日益严重。教育竞争已经是一个众所周知的事实。"在任何一个国家和地区，都存在教育竞争，只不过教育竞争的内容、形式、范围和程度各有差异。在古代，教育竞争的范围相对较小，程度也较轻。到了现代，教育充满了竞争，没有竞争的教育在现实中几乎不存在。"① 这是因为，从古代社会进入现代社会，"个体化"进程伴随始终，它让现代人从传统关系中"解放"出来，使原本依赖传统关系的身份地位变得不确定，结果"身份焦虑"凸显。而现代教育是现代人获得身份地位的重要方式，也几乎是唯一方式，结果在"身份焦虑"的驱使下，现代教育成了未来"身份"争夺的"角斗场"②。对此，熊丙奇也认为，当今教育的三大观念——"改变命运""赢在起点""争做第一"，把人简单地划分为成功者和失败者，使学校成了竞技场，令学生为命运、为生存、为成功进行"厮杀"③。

三、教育与生存关系的再思

在古代社会中，奴隶阶层的存在使得一部分有闲阶层可以完全脱离生存劳动，从事纯粹的自由教育。然而，在现代社会中，这种阶层分化已经不存在，随着社会生产力的发展，每个人在谋生的同时，又都获得了某些闲暇。此时，人们重申自由教育，有一定的社会基础。但是，现代教育不可能复归古代那种纯粹的自由教育。因此，在这种背景下，我们需要重新审视教育与生存的关系，重建一种新型的教育生存观。

（一）克服二元对立的思维方式

从教育与生存关系的历史演变和现实境况中可以发现，教育不能绝对地排斥生存的功能，虽然这种排斥可以保证教育纯粹的自由本性，但是它

---

① 蒋凯：《为竞争而训练——过度教育竞争的根源与后果》，《教育发展研究》2009年第Z1期。

② 对于现代教育中竞争日益严重原因的详细探讨可参见笔者的论文《病态竞争的产生与化解——兼论学校教育如何面对现代人的身份焦虑》（《湖南师范大学教育科学学报》2014年第6期）。

③ 熊丙奇：《当今教育已全盘"竞技化"》，《同舟共进》2009年第6期。

也在人为地制造阶层的分化与对立；相反，教育也不能过分强调生存的功能，因为这种强调会导致教育的功利化和竞技化。那我们该如何解决这个矛盾呢？首先需要思考这样两个问题：在现代社会中，自由教育与谋生的教育是否还存在高贵与低贱的差异？能否让所有的现代人都接受自由教育？解决这两个问题的关键又在于我们能否克服传统的二元对立的思维方式。

为什么要克服二元对立的思维方式呢？因为在现代社会中，这种思维方式已经丧失了存在的社会基础。

其一，在现代社会中，每个人都要从事生存劳动。任何人要生活得有价值，他必须先要能谋生。在古代社会中，奴隶、工人与妇女被作为供给具有相当智力的人的手段，以使这些人能从事有内在价值的闲暇生活，从事自由的或理智的教育①。然而，在现代民主社会中，每个人不仅要为自己的生存负责，而且要为社会的延续负责。杜威曾说："人必须从事一些劳动的事，这是不争的事实。人类必须生活，并且需要工作以维持生活。"② 如果说在现代社会中，每个人都有谋生的需要甚至是义务的话，那么自由教育就不可能是纯粹的自由教育。

其二，在现代社会中，每个人都享有闲暇的权利。文化素养与谋生需要的划分常被认为是本质上的与绝对的，其实这种区分乃是历史沿袭，是社会所酿成的，它发源于古希腊，并以当时社会的事实为基础。亚里士多德曾论证了上层阶级的自由教育与底层阶级的谋生的教育的区分。他认为这种区分之所以具有合理性，是因为它与理性和欲望、心灵和躯体的分离相对应。然而，在现代人看来，这种二元论违背了现代生物科学和心理科学原理，因为这些科学原理证明心灵和身体乃是一个整体的两个组成部分。既然这种古代身心二元论被驳倒了，那么闲暇与劳动、自由教育与谋生的教育的二元对立也就不攻自破了。所以，杜威坚决反对将工作和闲暇

①　[美]约翰·杜威：《民主主义与教育》，林宝山译，（台北）五南图书出版公司1978 年版，第 259—260 页。

②　[美]约翰·杜威：《民主主义与教育》，林宝山译，（台北）五南图书出版公司1978 年版，第 258 页。

割裂开来，在他看来，这种二元论是荒谬的：即使这种二元论符合特定的社会状况——如自由民和奴隶两个阶级组成的社会，那么在一个所有人都是自由人的社会里，这种二元论完全是一个错误。在现代的民主社会中，需要重建闲暇观，因为闲暇已经被一个共同阶级所拥有。机器生产使社会物质财富不断增长，当这种增长达到一定水平时，每个社会成员都将享有闲暇。这时的社会状况并非是一个阶级有闲暇专门从事脑力劳动，另一个阶级只能从事体力劳动，相反，现在每个人都有重要而有意义的工作要做，也都有闲暇，并为未来工作而提高素养或选择个人的业余爱好。① 如果说在现代社会中，每个人都享有闲暇的权利，那么教育也就不能是纯粹的谋生的教育。

在现代社会中，二元对立的思维方式丧失了其存在的社会基础。如果我们不是淡化二者的界限，而仅仅是重申自由教育，并把其作为克服谋生的教育困境的路径，那么就可能导致教育内部的分化与对立，加剧教育竞争，从而导致阶层的分化与对立。面对教育竞争，人们往往希望在竞技化的教育之外，另辟自由教育的领域。虽然其初衷是好的，即他们不希望在过度的教育竞争中丧失教育本应给人的东西，但是，这种做法实质上会加剧教育竞争。因为它会让人们认为谋生的教育是低贱的，而自由教育是高贵的。同样，它也会让人们认为为了生存而工作是低贱的，纯粹的闲暇生活才是高贵的。杜威曾深刻地批判了这种想法：许多教师与著作家，都为文化陶冶的人本教育辩护，抗拒专门化的实用教育之入侵，殊不知他自己所受的所谓博雅教育，主要也是训练他适任某特殊的职务。这些人只不过习惯把自己的职务视为基本的文雅工作，而忽视了别的行业也有其文雅的成分。②

相反，如果我们克服了这种二元对立的思维方式，将有利于打破阶级

---

① ［美］约翰·S. 布鲁巴克：《教育问题史》，单中惠、王强译，山东教育出版社2012年版，第102页。

② ［美］约翰·杜威：《民主主义与教育》，林宝山译，（台北）五南图书出版公司1978年版，第321—322页。

障碍，促进各阶级间有效沟通，并缓解现代社会中的教育竞争。杜威曾从民主的观念出发，提出教育应是疏通不同阶级之间交流的渠道，而不是加剧阶级的对抗的场所。① 如果说教育是人类未来理想社会的雏形，那么教育就应该打破阶级的障碍，促进有效的沟通。而要做到这一点，教育就不能再采用以往那种二元对立的方式来对待自由教育和谋生的教育——在谋生的教育之外寻求自由教育，而应该设计一种既蕴含谋生的教育又蕴含自由教育的课程。凡直接关于闲暇生活的教育，能够间接地增强工作的效率；而直接以工作为目的的教育，也能够培养情绪以便获得有闲暇价值的素养②。

（二）自由教育具有谋生的意义

克服二元对立的思维方式对于现代教育来说是必要的，但是必要并不等于可能，在现代社会中，克服这种思维方式的可能性又何在呢？我们首先要认识到，在现代社会中，自由教育具有谋生的意义。现在的谋生对人的基本素质要求越来越高，而这些基本素质的获得和提升都与自由教育密切相关。

其一，自由教育提供了现代人谋生的智力前提。一方面，现在的谋生已经不同于以往的谋生，它的复杂性与日俱增。在现代社会中，"随着机器变得更加'聪明'，体力劳动的强度日益减轻，单纯的体力劳动正在被更带有知识性和脑力性的生产劳动（如机器的操作、维修、监视）和设计、研究、组织方面的工作所取代"③。阿尔文·托夫勒（Alvin Toffler）认为："自动化的机器将处理大量的物质原料，人也将处理大量的信息和知识。机器要处理日益增多的常规性工作，而且人类也要执行更多的智力与创造的活动。"④ 人类"都把时间花在同抽象东西，即语言、数字和模

① ［美］约翰·S.布鲁巴克：《教育问题史》，单中惠、王强译，山东教育出版社2012年版，第103页。

② ［美］约翰·杜威：《民主主义与教育》，林宝山译，（台北）五南图书出版公司1978年版，第258页。

③ 《教育——财富蕴藏其中》，联合国教科文组织总部中文科译，教育科学出版社1996年版，第79页。

④ ［美］阿尔文·托夫勒：《未来的冲击》，蔡伸章译，中信出版社2006年版，第224页。

型打交道，和不大认识的人打交道"①。另一方面，现代人的谋生还有赖于能把知识的进步转化为开创新企业和新的就业机会的革新。"未来的技术所需要的并非那些略掌握些知识并乐意从事单调的、重复性工作的人，也不是为了生计而唯命是从的人，而是那些能够作果断的决定，能够设法应对新奇环境，及在稍纵即逝的现实中发现新规律的人"②，换言之，现代人在谋生的过程中，不再是简单地复制知识，而是要创造性地利用知识。由此看来，在现代社会中，人们的谋生都离不开较高的智力作为基本条件。如果说自由教育的一个重要方面就是促进人的理智发展，那么自由教育就具有了谋生的意义。

其二，自由教育提供了现代人谋生的基本人文素养。一方面，在现代社会中，谋生越来越需要与他人合作，为了完成一项工作，人们往往需要采取"劳动集体"或"项目小组"的组织方式，而放弃把规定任务和个人操作结合在一起的做法③。因此，在谋生的过程中，现代人必须具备一定"情商"，来有效地处理各种人际问题。雇主们"越来越需要的是那些敢于负责，懂得自己的工作怎样同别人配合，能承担起更大任务，能迅速适应已变化的情况，以及能敏感地与其周围的人协调一致的男女"④。另一方面，服务行业的兴起对现代人的"情商"提出了更高的要求。因为，许多服务主要是根据引起的人际关系加以确定的，它迫使现代人必须提高那些与人建立稳定而有效关系的能力。在现代社会中，谋生不仅离不开交往和合作，而且越来越需要良好的自我适应和调节能力。因为现代人在谋生的过程中，往往需要直面各种压力和冲突，甚至职业也常常会发生

①　[美] 阿尔温·托夫勒：《第三次浪潮》，朱志焱等译，生活·读书·新知三联书店1983年版，第452页。

②　[美] 阿尔文·托夫勒：《未来的冲击》，蔡伸章译，中信出版社2006年版，第225页。

③　《教育——财富蕴藏其中》，联合国教科文组织总部中文科译，教育科学出版社1996年版，第79—80页。

④　[美] 阿尔温·托夫勒：《第三次浪潮》，朱志焱等译，生活·读书·新知三联书店1983年版，第449页。

变化。托夫勒指出，"工人们必须适应他们的任务而更加经常的变化，以及人员调动，产品改变和机构改革等这些令人眼花缭乱相继出现的状况"①。他们时时刻刻都要"在工作上进行新的决定，他们之所以觉得忙乱及烦扰，是因为短暂性、新奇性以及多样性不断施予他们矛盾的要求使他们备感苦闷"②。这些都意味着现代人在谋生中已经丧失了以往那种常规性和重复性的特征，他们必须具有良好的心理素质，才能有效地调节自我，以应对压力、冲突和变化。此外，在现代社会中，人们还要处理与机器的关系。现代社会是一个技术化的社会，绝大多数工作都需要与机器打交道，并且人们还必须调整自己以适应机器，而非像过去那样可以调整工具来适应自己的目的。面对这种情形，如果现代人不具备一定的理性反思能力，那么他们就很可能沦为机械的附庸③。如果说无论是人际交往、自我调节还是人机交往能力的获得和提升，都与自由教育有着密切的关系，那么，自由教育在现代社会中也就具有了谋生的意义。

其三，自由教育还提供了现代人在谋生中所需要的公民意识和过公共生活的能力。在现代社会，谋生已不再是一个人的事情，而是一个群体甚至是整个社会的事情，如果人们不具备一定的公民意识和过公共生活的能力，那么他们就很难在自己所从事的行业受到不公正对待时，自觉地维护自身的权益，也无法与其他行业进行有效的沟通，从而实现行业间的平等。此外，在现代社会中，人们也已经形成了这样的共识："人类发展的目的在于使人日臻完善；使他的人格丰富多彩，表达方式复杂多样；使他作为一个人，作为一个家庭和社会的成员，作为一个公民和生产者、技术发明者和有创造性的理想家，来承担各种不同的责任。"④ 这意味着，现代人对自

① ［美］阿尔温·托夫勒：《第三次浪潮》，朱志焱等译，生活·读书·新知三联书店1983年版，第449页。

② ［美］阿尔文·托夫勒：《未来的冲击》，蔡伸章译，中信出版社2006年版，第195页。

③ ［美］约翰·杜威：《民主主义与教育》，林宝山译，（台北）五南图书出版公司1978年版，第323页。

④ 联合国教科文组织国际教育发展委员会编著：《学会生存——教育世界的今天和明天》，华东师范大学比较教育研究所译，教育科学出版社1996年版，"呈送报告"第2页。

身的期待已经不再像古代社会那样，有的人成为生产者，有的人成为公民，而是每个人都应该成为一个完整的人，既是一名生产者，也是一名公民。如果说自由教育的一个重要任务就是培养现代人的公民意识，并引导他们学会过公共生活，那么自由教育对于每个首先需要谋生的公民而言都是必需的。

（三）谋生的教育蕴含自由的成分

在现代社会中，我们还要认识到谋生的教育也蕴含自由的成分。为什么说谋生的教育中蕴含自由的成分呢？如何让谋生的教育中蕴含的自由成分充分实现呢？

其一，考虑个人的直接兴趣。人类的兴趣分为两种：一种称为"直接兴趣"，即对活动本身产生的兴趣；另一种称为"间接兴趣"，即因活动之外的因素而对活动产生的兴趣。在现代社会中，"文雅"与"功利"是对立的，其原因在于大多数人并不能洞察他们所追求的职业的社会目的，并且对其职业也没有直接的兴趣。[①] 相应地，谋生的教育与自由教育也是割裂的，其原因在于"我们做一件事，通常并不看喜欢不喜欢，是否真正感兴趣，而是要看有用没用"[②]。看来考虑个人的直接兴趣，是克服谋生的教育与自由教育割裂的重要路径。杜威就曾指出："如教育不以机械的技能自限，则教育已有机会调和文雅的修养与实用训练，而使人人都有效率且快乐的参与生产的职务。……只要工作的人，对于他们活动的目的，有主动的兴趣或关心，则尽管其行为的物质环境照旧，他们的活动已成为自由的，或出于自愿的，也就没有由外面强迫与奴役的性质了。"[③] 因此，在现代社会中，很多人"除了寻求经济报酬之外，他们也寻求工作的意义"。这也是为什么一些先进的公司现在向雇员提供的不是一套固

---

① ［美］约翰·杜威：《民主主义与教育》，林宝山译，（台北）五南图书出版公司1978年版，第264页。

② ［美］玛莎·纳斯鲍姆：《培养人性：从古典学角度为通识教育改革辩护》，李艳译，上海三联书店2013年版，"导读"第6页。

③ ［美］约翰·杜威：《民主主义与教育》，林宝山译，（台北）五南图书出版公司1978年版，第265页。

定的小额优惠待遇，而是一种包括任意选择假日，享受医疗福利、养老金和报销费的"大杂烩"，甚至在各种劳动报酬中，金钱已不再具有曾经有过的那种激励力量了①。

实际上，如果教育不能从直接兴趣的角度来消除谋生的教育和自由教育的割裂，那么它就还会加剧教育竞争，阻碍教育的民主化。因为当谋生的教育缺乏个人兴趣的考虑时，它会使那些找不到与其教育资历相当的工作的毕业生感觉自己受骗了，他们宁愿失业，也不愿从事那种名声较低的技能，因为这会降低自己的身份，何况这个教育体系又没有教给他们这种技能。在这些人的心目中，教育本是一项艰苦的甚至是厌烦的工作，它之所以使人感兴趣不在于它本身能得到什么结果，而在于他毕业以后一定可以得到相应收入②。质而言之，教育竞争的最大根源在于职业间存在地位和收入的差异，职业并不是真正出于个人兴趣的选择，而是出于职业的地位和收入。看来，要想真正缓解教育竞争，只有在这样的社会中才可实现：每一项职业都能为社会做出贡献，而受到人们的同等尊重，从事这些职业的人也都是出自个人内在的兴趣。因此，现代教育需要恢复人类求知的自然动力，同时，还应撤销文凭和就业之间的机械联系。虽然目前这只是一种理想，但却是一个我们可以通过不断地努力而实现的社会。当然，这也有赖于教育能够正确地处理自由教育与谋生的教育的关系，使教育成为帮助人们理解每种职业的社会价值，并学会与不同职业的工作者进行有效对话、分享利益的重要途径。这也意味着要把教育竞争的解决放在一个促成民主社会的层面来思考。因为如果在社会中依然存在着流动的可能性，而社会中却充斥着等级化阶层的对立，那么教育竞争就无法缓解。当然，这绝不意味着要寻求一个静止不动的社会，而是追求另外一种流动的社会，在这种社会中，人们不是在阶层之间上下流动，而是依据个人才能

---

① ［美］阿尔温·托夫勒：《第三次浪潮》，朱志焱等译，生活·读书·新知三联书店1983年版，第450页。

② 联合国教科文组织国际教育发展委员会编著：《学会生存——教育世界的今天和明天》，华东师范大学比较教育研究所译，教育科学出版社1996年版，第11页。

和兴趣平行流动。对此，杜威也指出："唯一可行的办法，就是采取间接的职业准备；也就是由学生依其需要与兴趣，去决定他的职业。并且，个人能力与天资的发现，将随着个人的成长继续成长，而成为一个继续不断的历程。"①

其二，考虑现在谋生的复杂性。克服二元对立的思维方式，我们还要看到现在的谋生已经不同于以往的谋生，因为现在的谋生具有复杂性。古希腊人之所以觉得直接关于谋生的事业有奴役的性质，并不是因为这种事业具有社会的和经济的实利，而是因为这类事业在当时不是训练有素智力的表现，也是因为做这种事业的人并不知欣赏这种事业的意义。然而，在现代社会中，谋生的事业性质发生变化了，其中包含了很多智力训练的要素。比如，现代工业技术已是科学化的技术，因此工业方面的职业已含有无限多的理智成分，含有比以往更广的文化陶冶内涵②。看来，教育竞争之所以激烈，不仅是与某些职业挣钱的多寡有关，而且还与这些职业智力含量的多寡有关，如果某些职业没有智力含量或者智力含量较低，自然就会受到人们的轻视。此时，如果人们能够认识到在现代社会中，很多传统的职业也需要较高的智力含量，那么必然会促进这些职业社会地位的提升。

实际上，阻碍我们对于理智与实用的融合之充分体认与运用的主要原因乃在于仍然有大量简单重复的工作。但是，机器的发明已经扩增了人们闲暇的时间，甚至在工作的时候也能获得闲暇。面对这种社会进步，杜威特别指出，如果我们还将手工劳动者的教育，仅仅限定在几年的学校教育，而在这几年学校教育中，大部分的时间不过用来训练他们能应用粗浅的符号，而不授予科学、文学与历史，则我们便未将他们的脑子练好。③

① [美] 约翰·杜威：《民主主义与教育》，林宝山译，（台北）五南图书出版公司1978年版，第320页。

② [美] 约翰·杜威：《民主主义与教育》，林宝山译，（台北）五南图书出版公司1978年版，第322页。

③ [美] 约翰·杜威：《民主主义与教育》，林宝山译，（台北）五南图书出版公司1978年版，第265页。

这意味着，现代教育不能割裂谋生的教育与自由教育的联系，而应该把二者统一起来。让人们在接受谋生的教育的过程中，同时也接受自由教育。实际上，当我们透过时间的线索从总体上看教育活动的演变时，我们便可以发现，教育是随着经济的发展而发展的，也是随着生产技术的发展而发展的。在稳定的农业社会中，教育所关心的是专业技能、传统和价值的传递。当经济进步到一定水平时，教育体系就自然而然地要把日益丰富的知识传递给更多的人，因为精益求精的生产过程要求更加高级的熟练技术，同时劳动力本身又促使新技术的改进，并由此出现了具有发明和革新头脑的人①。

其三，重新理解现代社会中的"职业"。在现代社会中，职业仅仅就是指谋生吗？杜威认为："职业意指人生活动的一个方向，因为它使个人获得某些成就，而且对他的伙伴也有助益，因此这种职业活动，使人觉得有意义。"② 职业的反面意义，既非休闲，也不是文化陶冶，对个人而言，它是漫无目的、反复无常的，无法获取经验；对社会而言，它则是怠惰的象征，是依赖他人的生活。职业不仅涵盖着各种技术能力的发展、特殊科学能力的发展、有用的公民的培养，以及专门性与事务性的职业技能，而且也包括了机械的劳动或谋利的工作。这意味着，职业本来就包含着博雅和谋生两个方面，并非仅仅与谋生有关。

现代职业还是使个人突出的才能与社会服务之间保持均衡状态的唯一途径。因为一个人找到自己适宜的事，而又有机会去实践，乃是天下最幸福的事情。而最可悲的事，莫过于无一生追求的事业，或者在各种行业间漂流，或被环境所迫去从事志趣不合的职业。所谓适当的职业，意指个人的能力可在合适的地方充分地发挥，工作时没有太大的阻力且能获得最大的满足。从社会上的其他成员来看，这个人的适宜行为所含的意义，自然

---

① 联合国教科文组织国际教育发展委员会编著：《学会生存——教育世界的今天和明天》，华东师范大学比较教育研究所译，教育科学出版社1996年版，第4页。

② ［美］约翰·杜威：《民主主义与教育》，林宝山译，（台北）五南图书出版公司1978年版，第316页。

是能使他们获得最佳的服务。如果以传统的观点，把职业视为低贱的，而强调文化陶冶的优越性（其实文化陶冶是每个人基本上需要的素养），则个人绝对无法在职业上充分发挥他的潜能。①

对自由教育本身而言，现代职业还可以为自由教育源源不断地注入富有生命活力的知识，这是因为职业是构成知识与理念的重要因素，也是知识的增加与智慧的成长之根源。职业提供给我们一种统合万殊的枢纽；它使得种种经验、事实与知识内涵，彼此秩序井然。基于各种职业的职责，我们就会在不知不觉中极力地要掌握有关的知识。这些知识的组成，因为与个人需要有关，所以是相当深刻且生动的；而且，因为它们经常被表现在种种活动上，所以不会变成停滞的死知识。相比之下，那种蓄意建构的纯粹抽象知识，就会显得形式化、虚假而又冷冰冰，了无生气。②

在现代社会中，虽然克服传统的二元对立的思维方式不仅具有必要性，而且也具有可能性，但是要真正从社会到教育、从教育到个人真正转变这种思维方式，还需要现代人和现代教育的不懈努力。

---

① ［美］约翰·杜威：《民主主义与教育》，林宝山译，（台北）五南图书出版公司1978年版，第318页。

② ［美］约翰·杜威：《民主主义与教育》，林宝山译，（台北）五南图书出版公司1978年版，第319页。

第四章 风险社会中学校生活的道德审视

在风险社会中，对于安全的考虑超出了应有的限度，这导致了一方面儿童在自然界中的自由活动受到限制，另一方面儿童的秘密也遭遇了成人的肆意侵犯。前者不仅不利于儿童的健康成长，甚至还导致了儿童自然缺失症的产生，对于此，学校教育应有所作为，引导儿童形成正确的风险意识，掌握安全技能。对于后者，学校教育应该辩证地看待秘密与监督，给予儿童充分的闲暇时间，并保护他们独特的秘密领域。在风险社会中，由于恐惧和焦虑心态的影响，人们逐渐丧失了对公共事务的兴趣，更倾向于关注私人的利益，由群体构成的社会机构也会因为风险而仅仅关注"圈内"利益，忽视"圈外"利益，这些都不利于"公共人"的培育。此外，也要警惕日常教育中那些可能对学生公共精神造成消极影响的做法。

第一节 儿童的自然缺失症及其教育对策

儿童的自然缺失症已成为时代的问题。电子媒介和学业负担占据时间，城市化和科技的控制挤压空间，分科化教育导致异化地感知自然，以及"恐惧文化"下过度关注安全是其产生的重要原因。事实上，经常接触自然不仅能让人身心健康，还能提升"自然智能"，促进品德发展。因此，面对儿童的自然缺失症，教育应有所作为：引导儿童树立正确的自然观、媒介意识和休闲观，建构"生态学校"，复兴博物学的教育，引导儿童形成正确的风险意识，并掌握安全技能。

一、儿童的自然缺失症及其产生的原因

"自然缺失症"是美国的理查德·洛夫（Richard Louv）在《林间最后的小孩——拯救自然缺失症儿童》一书中提出的一个描述当下儿童与自然关系疏远的概念，虽然它不是一个医学诊断，但是它提供了一个思考当下儿童与自然关系异化的视角。事实上，伴随着工业化、城市化和社会现代化的进程，去自然化的生活、儿童的自然缺失症，已经成为全球化时代人类共同的现代病。[①] 2013 年，上海绿洲生态保护交流中心发布的《城市中的孩子与自然亲密度调研报告》指出："在受调查的 1300 多名儿童中，12.4% 的孩子具有自然缺失症的倾向，如注意力不集中，情绪调节能力和环境适应能力较差，对大自然缺乏好奇心。"[②] 为什么儿童的自然缺失症会日益增多呢？原因主要有如下四个方面。

（一）电子媒介和学业负担占据了儿童接触自然的时间

电视、电脑、网络等电子媒介的入侵在儿童自然缺失症形成的过程中扮演了重要的角色。当前，儿童的闲暇时间大部分已经被电视或电脑所占据，甚至有儿童坦率地说："我更喜欢在屋里玩，因为只有屋里才有电源插座。"[③] 马冠生等的调查显示，"城市儿童少年平均每天看电视时间少于 1 小时、1—2 小时、2—3 小时及 3 小时以上的比例分别为 32.5%、46.0%、15.4% 和 6.1%"[④]。在我国农村，由于很多父母常年在外，看电视往往是留守儿童最主要的娱乐方式，所以看电视的时间并不比城市少，甚至更多。近些年，随着网络和手机等的普及，儿童在电子媒介上花费的

---

① ［美］理查德·洛夫：《林间最后的小孩——拯救自然缺失症儿童》（增订新版），"自然之友"等译，中国发展出版社 2014 年版，"序"第 1 页。

② 转引自周易：《12.4% 孩子具有"自然缺失症"倾向》，《中国青年报》2013 年 5 月 16 日。

③ ［美］理查德·洛夫：《林间最后的小孩——拯救自然缺失症儿童》（增订新版），"自然之友"等译，中国发展出版社 2014 年版，"序"第 1 页。

④ 马冠生等：《我国城市儿童少年看电视时间的研究》，《中国健康教育》2002 年第 7 期。

时间更是有增无减。电子媒介的入侵占据了儿童直接接触自然的时间，导致很多儿童失去了直接体验自然的能力。

除了电子媒介的入侵，学业负担的增重也是占据儿童接触自然时间的重要因素。在美国，1981—1997 年，12 岁以下的儿童用在学习上的时间增加了 20%。我国的情况也不容乐观，甚至更为严重。2005 年全国范围内的调查表明，无论是平时还是周末，中小学生在写作业时间上的超标比例均为一半，大大高于 1999 年的超标比例，尤其是初中生的超标比例非常高。此外，城乡差异较小，有些地方的农村学生做作业的时间更长。① 虽然作业时间的增加并不必然是坏事，但是日渐增长的学业压力往往剥夺了儿童可自由支配的在自然中玩耍的时间。

（二）城市化和现代科技对自然的控制挤压了儿童接触自然的空间

如果说电子媒介的入侵和学业负担的增重占据了儿童接触自然的时间，那么城市化和现代科技对自然的控制则挤压了儿童接触自然的空间。城市化是现代社会的重要特征之一，城市的扩张不仅侵占了大量的自然空间，而且在城市内部，自然也是必须被改造和控制的对象。因此，洛夫指出，"在快速城市化的世界中，孩子被物理性地限制住了，造成了自然体验成为主要的缺失"。全国绿化委员会办公室发布的《2014 年中国国土绿化状况公报》显示，2014 年中国城市人均公园绿地面积仅为 12. 64 平方米。② 在城市生活中，儿童直接接触自然的空间越来越小，只能采用虚拟的方式在人造的世界感受自然，比如，"罩着挡风玻璃的旅行"正在取代野外的大冒险。

除了城市化的影响，现代科技对自然的控制导致"自在自然"的缩小，也是限制儿童直接感知自然的重要因素。现代性确立起了人对自然的

---

① ［美］理查德·洛夫：《林间最后的小孩——拯救自然缺失症儿童》（增订新版），"自然之友"等译，中国发展出版社 2014 年版，第 30 页。

② 刘羊旸：《中国城市人均公园绿地面积 12. 64 平方米》，2015 年 3 月 11 日，见 http://news.xinhuanet.com/politics/2015-03/11/c_1114607169.htm。

绝对主宰地位，人从被动、谦逊、沉默的羔羊转变为主动、自信的狂暴猛兽，现代人妄图依靠理性彻底实现对自然的征服乃至对自然本性的改变。威廉·莱斯（William Leiss）就曾指出，控制自然是近代社会以来有长久影响力的一种意识形态①，在这种"意识形态"的驱使下，"自在自然"存在的空间越来越小。事实上，现代科技进步所付出的代价就是我们感官的电子化以及日渐萎缩的感觉能力。比如，对空调的使用，让现代人逐渐丧失了感受并适应自然气温变化的能力。

（三）分科化的学校教育导致儿童异化地感知自然

在儿童自然缺失症的形成过程中，教育，尤其是学校教育也扮演着重要的角色。现代学校教育是按照分科体系建构的，在分科体系下，教育已经不再遵循儿童感知自然的逻辑，而是遵循学科的逻辑和考试的逻辑。这种分科化的学校教育会造成儿童贫乏的博物学知识，并阻碍儿童亲近自然。比如，在我国的学校教育中，涉及感知自然的科目有小学的科学，中学的物理、化学、生物、地理等课程，但是这些课程仅仅是认识自然的某个方面或者某个要素，缺乏对自然的整体感知和亲近。所以，理查德·洛夫说，当今的主要教育形式使"我们远离了自然生活，提倡零碎的片段而非一个有机的整体"②。

长期分科化的学校教育，也导致很难找到有足够的博物学知识的教师来教学生。因为培养博物学教师的过程，关键是亲身经历和体验，而不是系统化的知识学习。极端一点来说，最理想的方式是去做一段时间未开化的"原始人"，不知道那些名称和解剖细节，在与自然的天然关系中，用足够的时间去探索和梦想。但是这样的经历显然是现代学校教育无法提供的。

（四）"恐惧文化"下过度关注安全导致自然游戏的非法化

一般而言，人类的恐惧会受到生理、心理以及文化三种因素的影响。

---

① ［加］威廉·莱斯：《自然的控制》，岳长龄等译，重庆出版社1993年版，"中译序"第14页。

② ［美］理查德·洛夫：《林间最后的小孩——拯救自然缺失症儿童》（增订新版），"自然之友"等译，中国发展出版社2014年版，第195—196页。

但是，在现代社会中，"恐惧已成为一种被文化所决定的放大镜，我们透过它来观察世界"①。尽管个体实际上比以往任何时候都要安全，但他们依然感觉到处充满了危险。史文德森将这种社会现实称为"恐惧文化"。在"恐惧文化"的催生下，一种以安全为核心的"新的礼节"诞生了，"一方面是对于冒险的恐惧，另一方面是安全的准则变成了社会的主要美德之一"②。当"新的礼节"盛行之时，即当安全成为一种人们热烈追求的美德之时，人们就倾向于禁止各种创新性和有挑战性的活动，助长不能容忍冒险和进行实验的风气。在中小学校中，这种"新的礼节"表现更为明显，因为学校里的学生都是未成年人，他们更需要保护。

此外，现代人之所以对自然产生巨大恐惧，还与人们所持的自然观有着密切关系。在现代人眼中，自然代表着不确定和不可控的世界，在追求确定性和可控性的强大驱力之下，现代人不断地夸大自然的危险性，甚至将其视为"妖魔鬼怪"。事实上，"在古代人的观念中，自然被看作仁慈、善良的养育者"③。

对安全的过度关注以及错误的自然观，必然导致人们将自然视为大敌，将自然游戏视为非法。此时，所有的一切似乎都在向儿童表明：自由的户外玩耍是不受欢迎的，在草地修剪整齐的操场上进行有组织的活动才是唯一得到认可的户外游戏形式。也许有人会认为农村的情况会好些，但研究显示，由于限制使用和缺乏对儿童活动的监督，农村并没有给儿童提供更多接触自然的可能。④

二、儿童为什么需要自然

儿童的自然缺失症之所以值得人们重视，是因为儿童需要自然。我们

---

① ［挪威］拉斯·史文德森：《恐惧的哲学》，范晶晶译，北京大学出版社 2010 年版，第 4 页。

② ［英］弗兰克·富里迪：《恐惧》，方军等译，江苏人民出版社 2004 年版，第 141 页。

③ 吴玉军：《非确定性与现代人的生存》，人民出版社 2011 年版，第 167 页。

④ ［美］理查德·洛夫：《林间最后的小孩——拯救自然缺失症儿童》（增订新版），"自然之友"等译，中国发展出版社 2014 年版，第 29 页。

认为，自然对于儿童的成长至少具有三个意义。

（一）促进儿童的身心健康

经常直接接触自然能够促进儿童的身心健康，反之，儿童会因疏远自然而产生各种异常表现，如感觉迟钝、注意力不集中，甚至引发生理和心理疾病。自然之所以可以促进儿童的身心健康是因为：其一，自然能缓解儿童的心理压力。如果儿童在心烦意乱的时候走到自然中去，在那里，他们更容易放松。事实上，自然有一种让人安静的力量。其二，自然能促进儿童的社交。一项瑞典的调查指出，居住在可以方便地到户外活动地区的孩子，其结交的朋友比因交通所限而不能远足的孩子多一倍。[①] 因为友谊往往源于共同的经历，尤其是在一种可以调动起所有感觉器官参与的环境中。其三，自然还能治愈某些心理疾病。有研究显示，自然可能有益于"注意力缺陷多动障碍"的治疗，故而研究者建议父母和教育者应多带这类儿童接触自然。对于一般儿童而言，每天的户外玩耍，也会使他们拥有更好的注意品质和协调能力。

（二）提升儿童的"自然智能"

加德纳在其多元智能理论中提出了一种新型智能，即"自然智能"。拥有这种智能的人往往拥有强烈的好奇心、求知欲以及敏锐的观察能力，善于了解各种事物的细微差别。那些经常直接接触自然的儿童，他们的"自然智能"会得以提升。其一，自然能培养儿童的观察力。在自然中，儿童需要全身心地投入和充分地感知，这为敏锐观察力的培养提供了良好的环境和契机。其二，自然能培养儿童的想象力。在自然中，儿童能够孕育出更多的幻想，尤其是更多富有想象力的游戏。摩尔指出，"在自然中运用多种感官的经历，有助于构建'使智力持续发展所必需的认知体系'"[②]，并且通过给儿童提供自由空间和要素来激发他们的想象力。其三，

①　［美］理查德·洛夫：《林间最后的小孩——拯救自然缺失症儿童》（增订新版），"自然之友"等译，中国发展出版社 2014 年版，第 43 页。

②　转引自［美］理查德·洛夫：《林间最后的小孩——拯救自然缺失症儿童》（增订新版），"自然之友"等译，中国发展出版社 2014 年版，第 76—77 页。

自然还能滋养儿童的灵性。事实上，崇高的、严酷的、美丽的自然能够为儿童提供街道、封闭社区或电子游戏所不能提供的东西。自然也能为儿童提供大大超越他们自己的东西，在那里儿童可以轻易地思索无限和永恒的问题。比如，儿童可以在某个难得的晴朗夜晚，坐在屋顶上仰望星星，感知无限。

（三）促进儿童品德的发展

当儿童对生命和自然失去敏感，我们怎么还能期望他们在长大之后关心人类命运和地球环境呢？在爱默生（Ralph Waldo Emerson）看来，自然就是儿童的美德教师。其一，自然是一座训练判断力的学校。自然可以帮助儿童认识真理，教给他们有关差异、相似、秩序、本质与表象、循序渐进、触类旁通、统一运筹等必要知识。就这样，自然在儿童身上培育了有效的判断力，而它正是一切美德的基础。其二，自然中蕴含着丰富的道德法则，它可以让儿童潜移默化地学习道德。虽然自然中的事物千变万化，但它却总是与精神本质维持着一种不间断的联系，它以其形式、色彩和运动傲然地存在着，向儿童悄悄地揭示或大声地宣告道德的法则。爱默生曾说，"每一种自然过程都是一篇道德箴言。……大自然对于每个人的道德影响，等于他从自然界领悟到真理的数量"[1]。其三，自然维护着一种"纪律"，并能传递给儿童。人类的命运之轮和生命源泉，无不依照自然运行规律而设定。如果违背自然的规律，人类就会受到某种惩罚，在与自然相伴的过程中，儿童会慢慢体悟到这种"纪律"，并对自然产生一种敬畏。

三、儿童的自然缺失症的教育对策

既然自然对儿童具有重要的意义，那么面对儿童的自然缺失症，教育就不应该扮演"共谋者"的角色，而应该有所作为。

---

[1]　[美]爱默生：《论自然·美国学者》，赵一凡译，生活·读书·新知三联书店2015年版，第33—38页。

（一）引导儿童树立正确的自然观、媒介意识和休闲观

在电子媒介入侵和学业负担压迫的背景下，如何能保证儿童有较为充足的时间与自然接触呢？其一，通过教育引导儿童树立正确的自然观，体认自然对他们成长的重要意义。儿童沉迷于电子媒介的世界，一方面是因为电子媒介的吸引力；另一方面也是因为他们没有真正体认自然对于他们成长的重要意义，甚至儿童的父母和老师也没有充分认识到这一点。其二，引导儿童形成媒介意识，电子媒介之所以能够吸引儿童甚至让他们沉迷于其中无法自拔，有其内在的运作逻辑，如果能够让儿童了解这些逻辑，并认识到电子媒介的弊端，他们就更容易摆脱盲目被动，从而更主动和理性地对待电子媒介。其三，帮助儿童树立正确的休闲观，并影响父母和教师。在当前的背景下，儿童有沉重的学习负担，虽然有多种原因，但是儿童以及父母和教师缺乏正确的休闲观也是重要的原因。比如，人们往往把儿童学习之外的玩耍视为浪费时间，殊不知玩耍既是儿童重要的休闲方式，也是他们重要的学习方式，它不仅能让儿童的学习压力得以放松，更能让他们在其中学习很多书本上学不到的东西。

学校应该如何帮助儿童形成这些观念呢？其一，在当前的学校德育课程中设计专门的内容。笔者参与编写的教育部统编小学《道德与法治》教材①，就设计了专门的课文向儿童和教师传递这些观念。在三年级上册的"快乐学习"单元中，就有课文专门讲了多元学习观，引导儿童理解学习不仅是书本知识的学习，学习的途径也不仅限于课堂，生活中处处是学习；该单元的第一课"学习伴我成长"还专门设计了一个"交流园"，引导儿童思考玩耍也是一种学习。关于媒介意识的形成，在四年级上册"信息万花筒"单元中，设计了"健康看电视"、"网络新世界"和"正确认识广告"三课，分别引导儿童合理看电视、正确使用网络、理性对

---

① 此套教科书由教育部委托南京师范大学鲁洁教授担任主编，人民教育出版社出版。已经通过教育部基础教育课程教材专家工作委员会审定，全套教材于 2019 年 9 月在全国范围内使用。

待广告。除此之外，对于儿童的自然缺失症，整套教材还在每个年段都设计了专门的单元，引导儿童从整体上感受自然、亲近自然、呵护自然，如一年级下册的"我和大自然"单元、四年级上册的"让生活多一些绿色"单元、六年级下册的"爱护地球　共同责任"单元。其二，在其他学科和学校的日常活动中进行渗透式的教育。如，在学习描写自然风光的古诗和课文时，教师可以有意识地向儿童传递正确的自然观；在学校各种活动中，也可以有意识地设计相应的活动。

（二）建构"生态学校"，让儿童在其中形成正确的自然观

针对儿童自然缺失症形成的空间原因，学校也可有所作为，比如，为儿童建构一个可以亲近自然的学校环境，即尝试建构"生态学校"。在理想状态下，学校可以重新设计一个有创意的自然校园，或将老校园翻新，并将自然理念融入核心设计中。当然，学校也可以从小环境的设计做起——比如设计一个蝴蝶园，然后再转到大环境的设计——比如建造穿过自然景观的小径或者修复小溪流。事实上，如果校园有着生态上的多样性，包括自由玩耍的区域、野生动物栖息地、步道和花园，儿童会从中受益良多：他们会更加活跃，对营养更有意识，对人更加友善，更具有创造性。

除了"生态学校"的建设，学校还可以开设与自然有关的综合性实践课程，比如园艺课程。事实上，在多元智能理论和相关研究的激发下，一场被洛夫称为"自然学校改革"的运动正在快速发展。人们希望每一所学校都能开设园艺课程，把儿童从教室里解放出来，让他们在真实的自然世界里进行更为有效的学习。从目前的现实出发，园艺课程的设置和开设还应该因地制宜、因校制宜，比如，可以将其与"生态学校"和"绿色校园"的建设结合起来，让学生通过这门课程直接参与到校园建设中来。

（三）建构综合性的课程，复兴博物学的教育

教育，尤其是学校教育中分科化的课程设置，导致儿童以割裂的方式认识自然，也是儿童的自然缺失症产生的重要原因。杜威曾批判分科化课

程的弊端，提出过综合性课程的理念。他认为，分科化课程会导致课程脱离儿童的整体性生活，从而让儿童感到枯燥和厌恶。事实上，在自然中发挥想象力和享受快乐应该成为生态素养的核心内容，但是这些内容在分科化课程体系中却变成了乏味的理论。要改变这种现状，我们需要在现代学校中建构综合性的课程，复兴博物学的教育。

如何建构综合性的课程，复兴博物学的教育呢？具体而言，有两条思路：其一，整合现有的课程，让这些课程成为综合性课程。比如，新课程改革之后，我国把原有的小学自然、历史、思想品德课程进行了整合，形成了"品德与生活"和"品德与社会"课程就是很好的思路，通过从儿童与自然联系的整体性生活出发，引导儿童认识自然、亲近自然、爱护自然，最终与自然达成和谐一致。其二，在现有的课程之外，增加一些综合性课程，比如，开设与自然有关的综合性实践课程，并按照人感知自然的生活逻辑设计。这两种思路，在小学尤其是低年级阶段更适合采用第一种，小学高年级及以后的阶段更适合采用第二种思路。

（四）培养正确的风险意识和安全技能

自然中确实存在着风险，但是风险并不等同于危险，我们需要引导儿童理性地区分自然中的危险和风险。危险是与个人行动相联系的"危险"（hazards），而风险则是脱离于个人行动的存在状态。因此，我们需要培养儿童正确的风险意识，同时授之以相应的安全技能，目的是保护儿童的安全，减少父母和教师的担心。由于担心，我们往往会采取过激的措施保护儿童的安全，其实这样反而降低了儿童自我保护的能力。实际上，自然中的游戏不仅可以增强儿童的自信心，而且还能提升他们识别世界中危险的能力。因此，如果我们能够让儿童自由地在自然中玩耍，那么他们将会更加安全，不管是现在还是未来。

现代生活限制了儿童的感官，因为我们的关注点绝大多数都是视觉上的，几乎只是电脑屏幕或是电视屏幕的尺寸。相反，自然会调动所有的感官。要知道，感觉是儿童自我防卫的第一道防线。多接触自然的儿童，能直接地看到这个世界。他们可以更多地发展心理技能。这些技能可以帮助他们发现真正的危险。① 我们需要在组织性的活动、儿童的生活节奏和自然体验之间得到更好的平衡。一方面，我们需要引导儿童积极地走近自然、感受自然；另一方面，我们也要教给他们一些应付自然危险的技能和方法。

第二节　儿童秘密的教育遭遇及其应对

儿童秘密的教育价值常常被父母和教师所忽视。实际上，秘密对于独立自我的建构具有重要的意义，因为它是儿童独立的标志，它有利于儿童把握真实的自我，有利于儿童道德自我的建构，有利于儿童与同伴建立良好的关系。然而，现实的教育却常常侵犯儿童的秘密，比如，过分的监督、闲暇时间的缺乏以及成人文化的入侵都对儿童的秘密造成了巨大的威胁。面对此种现实，理想的教育应该辩证地对待秘密与监督，给予儿童充分的闲暇时间，保护儿童独特的秘密领域。

秘密与儿童有着密切的关系，马克斯·范梅南（Max van Manen）和巴斯·莱维林（Bas Levering）曾指出，"儿童时代，即作为一个孩子的状态或条件，是个与秘密的概念紧密相连的时代"②。每个人都有自己的童年，也都有过值得珍藏的童年秘密。然而，儿童的秘密所蕴含的教育价值却常常被父母和教师所忽视甚至歪曲，这导致了儿童秘密存在的空间变得越来越狭小。其实，儿童的秘密包含着丰富的生命体验和多彩的意义，这些体验和意义对丁儿童独立自我的建构十分重要。

一、秘密与儿童的秘密

简单地说，秘密就是需要掩藏的某个具体的东西。秘密常常涉及人与

① ［美］理查德·洛夫：《林间最后的小孩——拯救自然缺失症儿童》（增订新版），"自然之友"等译，中国发展出版社2014年版，第158—159页。
② ［加］马克斯·范梅南、［荷］巴斯·莱维林：《儿童的秘密——秘密、隐私和自我的重新认识》，陈慧黠等译，教育科学出版社2004年版，第172页。

人之间的关系，因为，秘密可以同某人或者某些人分享，而保守秘密又是为了不让某人或者某些人知道。不过，是否愿意分享秘密、保守秘密与关系的密切程度并不是简单地相关。虽然彼此之间愿意分享秘密常常意味着二者的关系比较亲密，但是有时向对方保守秘密也是关系密切的表现，比如，为了不让亲人过度担忧而向其隐瞒病情。虽然愿意为对方保守秘密常常意味着二者的关系比较亲密，但是有时从更高的层次看是为了对方好，泄露对方的秘密也是关系亲密的表现。

　　如果从哲学的层面追问秘密，我们会发现秘密是非常复杂的，因为它与我们的生存密切相关。范梅南和莱维林曾区分了秘密的三种类型：一是生存秘密。从人类关系的本质上来看，他人完全是神秘的，是一种永远无法完全敞开或被人了解的，而这种无法敞开或被了解的部分就是生存秘密。二是交际秘密。它与生存秘密相关，但是，与生存秘密不同的是，交际秘密与某些藏于内心的或者无法表达的、无法触及的东西有关，而生存秘密则是把整个人都看成一个秘密或者一个谜。三是个人的秘密。有时候我们不愿与别人分享某些想法，这就是通常所说的个人的秘密[①]。

　　与成人的秘密相比，儿童的秘密有自己的特点。一般而言，儿童的秘密与成人的秘密相比有三个差异：其一，儿童秘密的内涵与成人秘密相比更具有单一性；其二，儿童秘密的建构方式与成人秘密不同：儿童是在相对轻松的、随意的意义上建构起秘密体验的，而成人的秘密隐藏得较深，内容比较复杂；其三，儿童秘密泄密的危害性要小于成人的秘密。[②] 儿童常与两种秘密有关：一种是主体为儿童的秘密，这种秘密可以称为"儿童自己的秘密"；另一种是主体为成人的秘密，这种秘密可以称为"成人世界的秘密"，它源于成人为了让儿童得到适合其年龄阶段的体验，于是有意隐藏某些东西或使某些东西远离儿童。这里所谈论的儿童的秘密主要

_____

① ［加］马克斯·范梅南、［荷］巴斯·莱维林：《儿童的秘密——秘密、隐私和自我的重新认识》，陈慧黠等译，教育科学出版社 2004 年版，第 13—17 页。

② 王海英：《解读儿童的秘密——基于社会学的分析视角》，《教育研究与实验》2005年第 1 期。

是指前一种秘密。

二、秘密与儿童独立自我的建构

秘密的价值有很多，其最基本的价值就是，保守秘密能够维护我们的个人利益。除此之外，秘密对于儿童独立自我的建构也具有极其重要的意义。心理学的研究已表明，秘密对于儿童认识世界、促进自我意识发展有重要作用。通过秘密的分享或保守，儿童学会友谊、信任和责任感等，从而加速社会化过程①。

（一）拥有秘密标志着儿童的独立

当儿童不愿将自己的某种感觉或想法告诉父母或其他人时，他们就会体会到一种神奇的分隔力；当儿童得知思想和想法可以放在自己的脑子里，别人是不会知道时，他们就意识到在他或她的世界中有某种"内"和"外"的分界线。正是从这个意义上说，儿童对自己的感觉或想法的隐藏是他们走向独立的标志。费里·艾温（Phil Erwin）曾指出，对于儿童而言，"只有当他理解到有一个'不属于自己'的世界的时候，自我感才会开始产生"②。换言之，当儿童了解到有一个属于自己的独特世界时，他们的自我感才会出现。范梅南和莱维林也认为，"真正的自我感觉得以出现的首要条件就是体验自己真实的身体和内心感受到的身体之间的一种疏离"③。如果说秘密的特征就是隐蔽和隔离，即将知情者与不知情者隔离开来，那么秘密就会将儿童与他人区分开来。正是这种界限让儿童成为真正意义上的独立个体。在西方，人们历来有尊重隐私④的风俗，这是因

① 陈世平：《儿童对秘密的理解与友谊关系的发展》，《心理科学》1997 年第 6 期。

② ［美］Phil Erwin：《成长的秘密——儿童到青少年期的友谊发展》，黄牧仁译，江苏教育出版社 2010 年版，第 45 页。

③ ［加］马克斯·范梅南、［荷］巴斯·莱维林：《儿童的秘密——秘密、隐私和自我的重新认识》，陈慧黠等译，教育科学出版社 2004 年版，第 120 页。

④ 隐私是一个与秘密非常相关的概念，二者之间存在着某些差异：隐私通常是出于保护亲密的关系和个人的空间，而秘密既可能是关于我们自己的事情，也可能是关于他人的事情；秘密常常涉及具体的某个事件或行动，而隐私则不是对具体事件的关注。但是，在日常生活中，二者的界限常常是模糊的。

为，他们相信隐私暗含着对独立自主的热爱或需要。换言之，缺乏隐私可能就无法形成内心生活，无法走向独立。

如果说自我的独立离不开个体对自己的认同，那么秘密在自我认同的形成中所起的不可或缺的作用更是表明秘密与自我的独立密切相关。个体的自我认同与其内在自我的许多特点是密切相关的。由于外部的世界常常是规训和割裂的，它遵循着外部客观的时间和空间，这会导致一种自我的分裂，从而产生自我认同的焦虑，但是秘密更多地遵循内在的时间，因此，对个体而言，它具有一种精神的一致性与连续性。[①] 从这个意义上说，秘密有利于个体自我的认同。实际上，秘密也正是在儿童成长和获得自我认同感的过程中出现的，因而它对于儿童的成长和自我认同都有着独特的作用。

（二）秘密有利于儿童把握真实的自我

秘密的世界是一个独特的私人空间，在其中儿童会觉得安全、隐蔽。正是在这种安全的心理氛围中的自由体验使得儿童逃离了日常生活的压制，把握了真实的自我。在日常生活中，大人总是在"教"儿童，告诉他们哪些行为和情感是令人讨厌的、难以得到认同的。这些要求和禁令往往会在儿童心中引起某种焦虑和渴望，迫使儿童去寻求属于自己的隐私和秘密。从这个意义上讲，由于社会的压制，儿童表现于外部世界中的自我可能并非是完全真实的，相反，秘密世界中的自我更接近于真实。在秘密的世界中，儿童"对自己的存在、自己的身份和自己的定位产生了一种迷惑和好奇，把这一切都置于一个开放的、不确定的未来。这个世界向他们提供了一种体验存在、体验白日梦、体验情感、体验好奇、体验感悟的机会"[②]。因此，秘密的世界更容易使儿童的内心世界和外部世界融为一体，在这个世界中，儿童也更容易无限地接近心中真实的自我。弗洛伊德

---

① 蒋开君：《教育的内在时间意识——儿童秘密的教育意义》，《教育理论与实践》2014年第4期。
② ［加］马克斯·范梅南、［荷］巴斯·莱维林：《儿童的秘密——秘密、隐私和自我的重新认识》，陈慧黠等译，教育科学出版社2004年版，第31页。

曾经把人格分成"本我""自我""超我"三个部分。在社会现实中，由于种种外部的压力，我们对自己的认识往往只是冰山一角。如果说儿童在秘密之外的世界中，由于外部社会压制而掩盖了一部分的自我，那么在秘密的世界中，由于秘密的隔离作用，那种无法在现实中展现出来的真实自我就得以呈现。

格奥尔格·齐美尔（Georg Simmel）曾指出，通过积极的或消极的方式保守秘密是人类最伟大的成就之一，因为秘密的体验提供了一个复杂得多的人类生活经历的现实，提供了"与展现在我们眼前的世界同时存在的第二个世界的可能性；前者受到后者决定性的影响"[1]。这也就是说，一旦人们能够保守秘密，他们就开始生活在两个世界里，而且，这第二个世界对基本的现实有着深刻的影响。对于儿童而言，在他们成长的过程中，对秘密的体验可以帮助他们感知自己的创造力和想象力，让他们体会到自我角色的不可确定性和可塑性，透视自己的内在性情，反观自己在别人心目中的形象，并对自己多一分联想和审思。因此，在秘密的体验中，儿童深化并丰富了的内心体验，使他们更好地理解自我与自我认同的含义，更全面地认识自己，让他们觉得自己有了深度。

（三）秘密有利于儿童道德自我的成长

首先，秘密有利于儿童责任意识的发展。一方面，拥有秘密意味着儿童与周围世界产生了某种分离，也意味着他们需要独自承担责任。在年幼时，由于儿童不能很好地区分自己与他人，缺乏独立自主的意识，往往把自己和他人看作是一体的，也因此缺乏相应的责任意识。然而，随着年龄的增长，儿童的独立意识逐渐增强，开始隐瞒并独立处理一些事情，此时责任意识也随之发展起来。另一方面，能够为他人保守秘密本身就是履行责任的一种体现。当有人问："我有一个秘密告诉你，你能保密吗？"这时他就是在期待一份承诺，而你的承诺其实就是你的责任。[2] 因此，当有

---

[1]　参见［加］马克斯·范梅南、［荷］巴斯·莱维林：《儿童的秘密——秘密、隐私和自我的重新认识》，陈慧黠等译，教育科学出版社 2004 年版，第 8 页。

[2]　周晓静、陈秀君：《没有秘密长不大》，《思想理论教育》2006 年第 2 期。

人把自己的秘密告诉我们，希望我们保密时，我们二者之间就建立起了一种责任关系。

　　其次，秘密有利于儿童同情心的培养。秘密有利于儿童把握真实的、深层的自我，这意味着拥有秘密的人的内心世界应该是丰富的、深刻的，而内心体验丰富和深刻的人更愿意也更能够做到将心比心地去体会他人的痛苦。实际上，这种移情的能力就是一个人同情心的关键所在，比如，如果儿童缺乏对秘密的体验，那么他们就不会懂得他人隐藏秘密的心理。如果说同伴的秘密常常关乎同伴的喜怒哀乐，那么与同伴分享秘密就是给予了儿童直接体验同伴感受的机会，这将有利于儿童同情心的培养。反过来，同情心的发展又能促使儿童更愿意倾听他人的秘密，也更愿意保守他人的秘密。

　　再次，秘密有利于儿童羞耻心的形成。羞耻心的形成是儿童道德人格形成的重要标志。如果一个人没有羞耻心，那么道德对于他而言常常是无力的。儿童的秘密与羞耻有着密切的关系，因为儿童的秘密常常涉及一些自己感到羞愧而不愿意让别人知道的事情，比如，认识到自己所做的事是错事、傻事等，把这些事情作为秘密隐藏起来，正显示出他的羞耻之心。相反，如果一个人做了错事、傻事还到处宣扬，那么就很难说这个人拥有羞耻之心了①。从这个意义上说，儿童保守秘密在一定程度上反映了其羞耻心的发展。实际上，保护儿童的这种秘密，有利于促进他们道德的发展，相反，如果揭露儿童的这种秘密，不但会给他们带来精神上的痛苦，还会使他本来具有的羞耻心变得麻木。

　　（四）秘密有利于儿童与同伴建立良好的关系

　　儿童能否与同伴建立良好的关系有一个非常重要的前提，即儿童要形成独立的自我。因为，如果一个人没有形成独立的自我，是不可能建立起健全的人际关系的，常常会沦为一种依赖的关系。而儿童秘密的产生正是其独立自我诞生的标志。如果从人际吸引的角度看，人与人之间之所以相

① 周晓静、陈秀君：《没有秘密长不大》，《思想理论教育》2006 年第 2 期。

互吸引就在于秘密的存在，因为秘密会使每个人都与众不同。如果说人与人之间存在着天然的空间和人际距离，那么人与人之间的相互作用就是为了填补空间、缩短距离，就是为了走近对方和对方的秘密世界。

与同伴分享秘密有利于亲密关系建立和维系。对于那些没有和同伴建立亲密关系的儿童而言，获得亲密的一个做法就是与同伴分享自己的秘密。分享的秘密越多，亲密的关系似乎也会越牢固。康德说过，被告知一个秘密就像被赠予一份礼物。秘密是人际交往中的流通货币，当有人告知你一个秘密时，意味着亲密的友谊和信任。艾温也指出，在一个较为紧密的人际关系建立以后，如果还要继续维持并加强亲密感以使友谊更加深入发展的话，是需要一些重要的其他因素的。研究发现，在这一阶段的自我吐露行为会持续，而且吐露的私密话题会越来越明显，同时儿童也逐渐热切期待对方增加对自己的吐露程度。① 儿童不仅能够通过分享秘密与同伴建立和维系亲密的关系，而且还能够通过保守秘密来维持亲密的关系。因为，保守秘密既是对同伴的尊重，也是在为同伴承担一份责任。其实，为同伴保守秘密的过程，也是把双方"捆"在一起的过程。

三、现实教育对儿童秘密的侵犯

秘密对于独立自我的建构有着十分重要的意义。然而，现实的教育却常常侵犯儿童的秘密。

（一）过分的监督对儿童秘密的围剿

在现实的教育中，儿童通常不可能有个人的空间来保护自己的秘密。学校常常通过物化的监视把儿童透明化。电子媒介的飞速发展，更是为监视提供了新的技术手段，其代表物就是"电子眼"，通过它，监视已经不再需要建筑的特殊设计即"全景敞视"的设计，就能很好地实现监视。试想面对这样的监督，儿童的秘密存在的空间似乎越来越小

① ［美］Phil Erwin：《成长的秘密——儿童到青少年期的友谊发展》，黄牧仁译，江苏教育出版社 2010 年版，第 13 页。

了。机构化的学校生活的根本特点就是"按照预设的日程和程序结构化的、监督化的"①。

从某种意义上来说，考试是学校教育侵犯儿童秘密的一种隐蔽方式。现在的学校越来越多地对儿童的学习和成绩进行监督，导致他们的学习趋于同一化。尽管人们试图使学习过程具有个性化并承认每个儿童都有其独特性，但是课程开发和设计总是有趋向同一性的压力。在儿童看来，课程就像跑道一样，所有人必须按照固定的线路跑，跑得最快和最有效的就是比赛的胜利者。面对这种同质化、竞争化学习，很多儿童把学习和考试看成是对他们的自我的一种侵犯。最典型的例子就是教师随意在班级中公布儿童的考试分数，而不顾及那正是很多儿童希望保守的秘密。

（二）无闲暇时间对儿童秘密的压挤

真正的闲暇时间（除学习和娱乐时间之外）是保证儿童的独立自我发展的重要条件。因为，在这种额外的、没作安排的、剩余的时间里，反思不会受到其他事务的限制或牵引。儿童更可能采取完全自发的行动。然而，现代教育已经挤压了儿童完全属于自己的闲暇时间。在校园里，儿童被动地按照规定好的程序学习，这使得他们几乎没有属于个人的闲暇时间去自我反思。在学校之外，许多儿童的闲暇时间也常常被有组织的"特长"学习所占用。这两方面挤压的后果，就是在儿童的生活里只有学习、做功课以及严肃的活动，以至于几乎没有闲暇时间。深层地看，现代教育近"规训"而远"教化"，儿童被控制在客观的、外部的时间中。当儿童的时间完全受到外在目的的约束和分割时，其时间就不再具有生存论的意义。因此，虽然儿童的时间被填得满满的，但是在这种被周密计划好的时间里，儿童始终在"外求"，完成外在的一项项任务，唯独没有"内求"的时间。儿童没有自我反思，缺少自主选择，缺乏体验内心世界和秘密的机会。②

---

① ［加］马克斯·范梅南、［荷］巴斯·莱维林：《儿童的秘密——秘密、隐私和自我的重新认识》，陈慧黠等译，教育科学出版社 2004 年版，第 190 页。

② 蒋开君：《教育的内在时间意识——儿童秘密的教育意义》，《教育理论与实践》2014 年第 4 期。

更让人感到担忧的是，在一些少量的闲暇时间中，许多儿童也很少独自一人待着，他们通常会被电视、电脑等现代媒体所诱惑，这点儿闲暇时间都用在了网络游戏和网络聊天等活动上。但是，由于现代媒体这种被动式的控制方式，使得儿童并不需要自己负责在这段时间里去做或不做哪些事，这必然会导致儿童无法真正体验自我。

（三）成人文化对儿童秘密的侵占

"儿童有他自己的世界，有他自己的不同于成人的生活，儿童是在自己的生活和世界里实现成长的。儿童的生活、儿童的世界是儿童的生命和心灵寄寓的屋所，失去了儿童生活、儿童世界，儿童正在成长的身心将无以为家。"① 然而，由于成人文化的入侵，导致儿童过早地涉及了成人世界的秘密，丧失了原本属于他们自己的秘密世界。

现代社会是一个成人文化占据主导地位的社会，成人文化由于其先在性，对弱势的儿童文化构成一个强力的包围圈。作为生活在成人文化圈中的儿童，不断受到来自成人文化的种种冲击。尼尔·波兹曼（Neil Postman）在《童年的消逝》一书中，明确地表达了这样的观点：在印刷媒介的时代，成人与儿童在语言文字理解能力上的差异，使得二者之间形成了一种"成熟差"，正是它的存在使得成人可以让儿童逐步接触成人的世界，比如性行为、喝酒、赌博、战争等，安守属于儿童自己的秘密领域。

然而，由于电子媒介的兴起，打破了传统那种由于语言文字理解能力的差异而造成的"成熟差"，成人世界的秘密与冲突过早地影响了儿童。其实，对于儿童而言，那些成人世界的秘密与冲突本应该是秘密的，但是现在它们却不再是秘密的。这必然会导致儿童被成人文化一再地催熟，儿童成长的阶段性体验被剥夺一空。如果说安守属于儿童自己的秘密领域，可以让儿童在其身心发展阶段的前提下，逐步接触成人世界的某些东西，

---

① 刘晓东：《解放儿童》（第二版），江苏教育出版社2008年版，"修订版序"第1页。

那么超越儿童身心的发展阶段，让儿童过早、过多地接触这些东西，必然会导致儿童自我发展的空间越来越小，不利于他们独立自我的健康建构。

四、教育该如何正确对待儿童的秘密

面对现实的教育对儿童秘密的侵犯，理想的教育又该如何对待儿童的秘密，并利用他们的秘密促进他们独立自我的建构呢？

（一）辩证地对待秘密与监督

对于儿童而言，秘密和监督都是必不可少的。正如前文的分析，秘密之所以重要就在于它是儿童独立自我建构的重要保障。虽然前文一再批判过分的监督对儿童秘密的侵犯，但是我们并不是完全否定监督，尤其是合理的监督。合理的监督之所以重要，是因为它为成人提供了教育责任心和责任感的基础。如果父母或者教师不能真正"看见"或理解儿童，那么他们就无法履行其教育责任。监督中所含的留心和警觉的成分尤其重要，因为，它为儿童的发展提供支持并指明方向。看来，儿童既需要监督性的注意，也需要有养成其独立自我的内心自由。实际上，从儿童的角度看，虽然他们很想独立、不再受到任何监督，但是真正遇到个人问题时，他们也想得到父母或者教师的支持和"理解"。

如果追问父母或者教师对于儿童过分监督的后果，我们甚至还会发现，教育在对儿童过分监督的过程中，往往失去了对儿童真正的关注。从表层看，父母和教师越来越在意种种危险对儿童身心健康可能造成的伤害，比如，儿童的玩具、游乐场所和住宅区也都充分考虑安全的需要，并受到严密的监督。但是，在解决安全问题的同时，却又使儿童"越来越难得有机会体验到离开大人的视线范围自由自在地玩耍，冒险探索外面的世界"①。实际上，良好的教育关系既不是产生于漠不关心和疏远，也不是产生于刺探和没有耐心。因此，父母和教师需要辩证地对待秘密和监

---

① ［加］马克斯·范梅南、［荷］巴斯·莱维林：《儿童的秘密——秘密、隐私和自我的重新认识》，陈慧黠等译，教育科学出版社 2004 年版，第 188 页。

督。如何辩证地对待二者呢？范梅南和莱维林曾指出，父母和教师所需要的监督应该是对儿童真正的兴趣。它要求父母和教师对待儿童的秘密应是尊重和保护的心态，而不是揭秘的心态；要求父母和教师学会用理解的眼光去把握儿童的秘密背后所隐藏的深层的东西，即为什么他们会在此时此处形成这样的秘密。①

（二）给予儿童充分的闲暇时间

由于竞争化学习的沉重负担和现代电子媒介的入侵，儿童已经丧失了获得秘密的闲暇时间。要尊重儿童的秘密，让他们的秘密发挥积极教育作用，父母和教师就必须给予儿童充分的闲暇时间。

要想让父母和教师愿意为儿童提供闲暇的时间，首先要帮助父母和教师——当然也包括儿童自身——正确地认识闲暇，认识它的教育意义。父母与教师不愿意给儿童闲暇时间，往往是因为他们对于闲暇的认识存在偏差。儿童在父母和教师潜移默化的影响下，也会从不自觉到自觉地片面看待闲暇。目前，父母和教师对于闲暇或者说休闲至少有两个认识上的偏差：其一，认为休闲只是工作的补充，是第二性的，不具有独立的意义和价值；其二，认为休闲不需要教育。② 实际上，闲暇对于生命具有重要的意义，而非工作的补充；儿童在闲暇时间里的休闲能力也是需要从小培养的。

其次，引导父母、教师以及儿童自身认识何谓"成长"，何谓"教育"。因为父母和教师不愿意给儿童闲暇时间，在很大程度上是由于现代教育中的病态竞争。然而，在父母和教师有意无意地鼓励儿童参与这种病态竞争的时候，他们却常常忽视什么才是真正的成长。成长难道就是获得更高的分数？当儿童获得更高分数的时候，他是否获得了幸福？如果父母和教师不能超越分数崇拜，去思考成长的本质、教育的本质，那么提倡给予儿童充分的闲暇时间只能是空谈。因此，我们应提倡一种儿童本位的教

① 王大伟：《让秘密伴随儿童成长》，《基础教育研究》2013 年第 14 期。
② 高德胜：《生命·休闲·教育——兼论教育对休闲的排斥》，《高等教育研究》2006年第 5 期。

育理念。这种教育理念放弃了仅仅把儿童作为实现某些外部目的的手段，而把儿童的成长和儿童的幸福作为教育的最终目的。只有站在这样的立场，父母和教师才可能真正愿意给予儿童闲暇的时间。

再次，引导儿童从事积极的休闲活动。在闲暇时间里，可能从事积极的活动，也可能从事消极的活动，比如，沉迷于电视和网络。J. 纳什（J. Nash）曾区分了休闲的等级，他认为，创造性活动是最高级的休闲；而反社会行为则是最低级的休闲活动。从低到高、处于中间层次的休闲活动包括自我伤害性的放纵，以娱乐、寻求刺激、摆脱单调、消磨时间为取向的解闷，欣赏者投入式的参与，作为追求者的积极参与等。① 从休闲的等级序列中可以看出，在闲暇的时间里，儿童既可能从事提升生命质量的活动，也可能从事反社会的行为，伤害自己、危害社会，或者无所事事、自甘堕落。正如前文的分析，很多儿童在闲暇时间里，沉迷于电视或者网络，丧失了体验自我、拥有秘密的机会。因此，父母和教师要提高儿童的休闲能力，使其从消极、负面的休闲方式中摆脱出来，采取积极、正面的休闲方式。

（三）保护儿童独特的秘密领域

秘密伴随人的一生，儿童有秘密，成人也有秘密，但是，儿童的秘密不同于成人的秘密。本属于儿童的秘密领域被侵犯，就会导致儿童自我建构的障碍。因为，对任何个体而言，自我的建构都需要遵循一定的身心发展的阶段。因此，父母和教师应该保护属于儿童的、独特的秘密领域。如何保护儿童独特的秘密领域呢？

其一，要正确地理解"儿童"这个概念，并有意识地保护它。波兹曼曾指出："童年不同于婴儿期，是一种社会产物，不属于生物学的范畴。至于谁是或不是儿童，我们的基因里并不包含明确的指令。"② 如果说儿童的概念是社会的产物，那么儿童与成人的界限就很可能在社会文化

---

① 高德胜：《道德教育的时代遭遇》，教育科学出版社 2008 年版，第 160—161 页。
② ［美］尼尔·波兹曼：《娱乐至死·童年的消逝》，章艳等译，广西师范大学出版社 2009 年版，第 162 页。

的不良影响下消逝。正如前文所说，电子媒介已经对儿童与成人之间的界限产生了极大的影响，儿童的成人化已经成为一种现实。但是，我们又知道，儿童或者说童年这个概念对于儿童的健康成长是必不可少的。因此，我们就需要有意识地保护这个社会产物，以免它在不良的社会影响下消逝。

其二，要培养儿童的"媒介意识"。高德胜曾指出，"媒介意识"不是利用媒介控制教育的意识，而是通过教育控制媒介的意识。一方面，要有揭示媒介危险性的意识。因为各种电子媒介都有自己的优势和危险性，使用者如果了解了一种媒介的危险性，在使用的过程中其危险性就会降低。另一方面，教育应关注儿童的电子生活，并把儿童在电子生活中所遇到的困惑、体验，所遭受的心灵冲击、影响，可能吸收的价值观等，纳入教育的内容和话题。因为在当今时代，在电视屏幕和学校空间之间进行切换是教育主体生活的常态①。当然，"媒介意识"的培养还要和闲暇的教育相结合。如果儿童能够正确地认识闲暇，能够在闲暇的时间里从事积极的活动，那么也就不至于沉迷于电子媒介的世界中而不能自拔。

第三节 "公共人"② 培育的困境及其出路

当前学校教育中的"公共人"培育遭遇的主要困境是：追逐个人成功的竞技式教育，使学生一定程度上失去了过公共生活的可能性，而这正是"公共人"培育的根基所在。"公共人"培育的困境的社会根源是现代人对私利的过分渴求。面对"公共人"培育的困境，学校需要建构行动取向的"公共人"教育：其目的是培养"行动型"的"公共人"；其内容是学校生活中真实的公共性问题和事件；其过程是通过学校公共生活空

---

① 高德胜：《道德教育的时代遭遇》，教育科学出版社 2008 年版，第 18 页。
② "公共人"是理查德·桑内特在《公共人的衰落》一书中提出的概念，他在该书中揭示了现代社会普遍存在的自我迷恋是"公共人"衰落的重要原因。由此看来，"公共人"是一个关心公共利益并愿意过公共生活的人，这种人与那种仅仅关心自己私利的"自恋人"相对。本文中的所说的"公共人"也是这个意思。

间的建构，让学生在过公共生活的过程中学做"公共人"。

一、"公共人"培育的困境：追逐个人成功的竞技式教育

当前"公共人"培育面临的主要困境是学校沦为学生追逐个人成功的竞技场，教育价值也似乎更多地体现在能否帮助人们获得个人的成功。对于小学生而言，能否升入重点中学，是其小学教育有无价值的唯一依据；对于中学生而言，能否升入重点大学，是其中学教育有无价值的唯一依据；对于大学生而言，能否找到一份体面的工作，是其大学教育有无价值的唯一依据。简言之，整个教育的终极价值追求就是个人的成功，而这种成功又被简单地定义为个人考得更高的分数，或获得更为体面的工作，但其实质都是为了赢得更多的实利。尼采就曾严肃地批评现代教育的这个问题，他认为，当下出现的扩大教育的倾向，使得教育沦为谋利的手段。在这里，利益——更确切地说，收入，尽量多赚钱——成了教育的目的和目标。教育似乎被定义成了一种眼力，一个人凭借它可以"出人头地"，可以识别一切容易赚到钱的捷径①。钱理群教授也指出，我们的一些大学……正在培养一些"精致的利己主义者"，他们高智商、世俗、老到、善于表演、懂得配合，更善于利用体制达到自己的目的。学校之所以会培养出这样的学生与学校的教育不无关系。事实上，当前的学校教育都在有意无意地营造着竞争氛围，鼓励学生为个人的成功而奋斗。在学校中，最受欢迎的学生往往都是那些成绩好的，或者说至少是成绩好的。在现代学校教育中，不仅学生热衷于追逐个人成功，教师和校长也往往如此，对于一些教师和校长来说，教育是他们获得个人发展（升迁）、谋取个人利益的路径，学生则成了他们获得个人发展（升迁）、谋取个人利益的工具。

这些意味着当前的学校教育在一定程度上背离了本应具有的公共属性，学校沦为人们谋取生存、赢得身份的工具。不能否认，在现代社会

---

① ［德］弗里德里希·尼采：《论我们教育机构的未来》，周国平译，译林出版社2012年版，第25页。

中，学校教育应具有一定的谋生和身份的功能，因为现代的学校教育已经不完全是那种脱离了生存需求的纯粹的闲暇教育，也不再是某些少数的特权阶层享有的专利，因此，现代的学校教育有义务帮助人们获得一份谋生的职业，也需要帮助他们获得属于自己的成功和幸福。但是，如果学校教育完全沦为每个人追逐个人成功的竞技场，并把成功狭隘化为分数、金钱、私利的获得时，就会对"公共人"的培育造成巨大的伤害。"公共人"的培育强调人的公共性，关注的是公共的福祉。"公共人"是一个与"私民"相对的概念，"公共人"更多地关注公共利益，或者说他超越了对于私人利益的关注，相反，"私民"更多地关注个人利益，少谈甚至不谈公共利益。追求个人成功的教育本身就是在引导人们过分关注私人利益，而容易导致忽视公共利益，这是对"公共人"培育最大的挑战。"公共人"培育的有效性有赖于显性的、直接的教育与隐性的、间接的教育的一致性。如果显性的、直接的"公共人"教育呼吁人的公共性，呼吁人们为公共的福祉而努力，而隐性的、间接的教育却在培养仅仅热衷于追逐个人成功的"精致的利己主义者"，那么这必然会导致"公共人"培育的无效，并陷入困境。

二、"公共人"培育困境的社会根源：现代人对私利的过分渴求

当前"公共人"培育之所以面临困境，其深层的社会根源乃是现代人对私利的过分渴求。现代社会是一个"解放"加速的社会，个体的人逐渐从各种传统的社会关系、社会群体、社会文化的束缚中脱离出来。在这个脱离的过程中，一方面现代人获得前所未有的自由；另一方面他们又为这份自由带来的不确定性而感到焦虑，需要"逃避自由"。在齐格蒙特·鲍曼看来，这个脱离的过程就是"个体化"的过程，现代社会就存在于它的持续不断的"个体化"的行动中[1]。这意味着现代人不仅要独自

---

[1]　［英］齐格蒙特·鲍曼：《流动的现代性》，欧阳景根译，上海三联书店2002年版，第46页。

承担起生活的责任，而且还要对他们行为的后果负责。面对不确定性和生活压力带来的焦虑感。现代人自然会变得越来越热衷于关注私人生活，他们的生活"不仅是以自我为中心的，也是以自我为参照的"①，他们对公共事业、普遍的善、良好社会或者公共社会，则倾向于冷漠、怀疑或是警惕②。在我国，人们也从传统的社会关系中走出来，从传统的集体单位中走出来，某种程度上说，人们被抛入生存的不确定性中，这时他们必然需要优先关注私人的生活。

然而，"公共人"却应是一个倾向于通过公共事业、普遍的善、良好社会和公共社会的安康来寻求自己幸福的人。因为，如果个体不能变成"公共人"，那么法律意义上的个体就不能变成实际上的个体。以赛亚·柏林（Isaiah Berlin）就认为，在现代人为"消极自由"（free from）奋斗并赢得胜利的过程中，也把"消极自由"变成"积极自由"（free to）所需要的手段抛弃了。这也就是说，公共权力意味着个体自由的不完全性，但是公共权力的退却和消失，则意味着在法律意义上取得胜利的自由实际上的无能③，换言之，"积极自由"的实现离不开公共权力提供的保障。因此，在今天，任何真正的解放，它需要的是更多的而不是更少的"共公领域"和"公共权力"。为了增强而不是削弱个体的自由，现在公共领域非常需要得到保护，以免受私人的入侵。④ 正是在此种意义上，鲍曼才说，"个体是'公民'最坏的敌人"⑤。

在现代社会中，人们对于私人生活的过度关注和对公共生活的过分冷

---

① ［英］齐格蒙特·鲍曼：《被围困的社会》，郇建立译，江苏人民出版社 2005 年版，第 175 页。

② ［英］齐格蒙特·鲍曼：《被围困的社会》，郇建立译，江苏人民出版社 2005 年版，第 55 页。

③ ［英］齐格蒙特·鲍曼：《流动的现代性》，欧阳景根译，上海三联书店 2002 年版，第 77 页。

④ ［英］齐格蒙特·鲍曼：《流动的现代性》，欧阳景根译，上海三联书店 2002 年版，第 78 页。

⑤ ［英］齐格蒙特·鲍曼：《流动的现代性》，欧阳景根译，上海三联书店 2002 年版，第 55 页。

漠，也造成了学校教育中人们对个人成功的关注。虽然教育自古就是人们获得身份地位、获得个人成功的重要路径之一，但是在当前这种现实社会中，学校教育也必然会过分关注个人的成功，从而对"公共人"的培育构成威胁。

三、"公共人"培育的出路：行动取向的培育路径建构

面对"公共人"培育的困境，以及现代社会中出现的对私利的过分渴求，学校教育一定不能冷眼旁观，因为冷眼旁观本来就是一种消极表现，它会对学生产生潜移默化的消极影响。事实上，杜威还曾寄希望于通过学校教育来改良现实社会，他认为，只有通过学校教育构建一个净化的小社会，让儿童在这个小社会中形成未来社会所需要的品质，未来社会的重建才有希望。看来"公共人"的培育必须积极行动，那么出路何在呢？

（一）从知识取向转向行动取向的"公共人"培育

面对热衷于追逐个人成功的学校教育，现代"公共人"培育的问题成为学校教育凸显的问题，也成为现代社会凸显的问题。面对此问题，学校教育亟须加强"公共人"的培育，但是学校在加强"公共人"培育的同时却容易走向另一个极端，即仅仅向学生传授各种抽象的关于"公共人"义务和权利的知识，进行知识化取向的"公共人"教育。当然，不可否认这种知识化取向的教育对于"公共人"的培育有一定的价值，但是它的影响往往是间接的、微弱的。面对知识化取向的"公共人"教育，我们需要从知识取向转向行动取向的"公共人"教育。

当前"公共人"培育的困境是学生热衷于追逐个人成功，而较少关注公共利益和公共福祉。行动取向的"公共人"培育直接引导学生以实际行动参与班级和学校的公共生活，解决真实的公共性问题和事件，这本身就是对公共利益和公共福祉的一种关注，是对沉溺于私人生活的一种超越。另外，这种行动取向的"公共人"培育还可以直接指向对过度热衷私人化生活的批判，以实际的行动反思并促进这种生活的转变。因此，从

应对当前学校中"公共人"培育的困境看，学校亟须从知识取向转向行动取向的"公共人"教育。

（二）行动取向的"公共人"培育建构

学校如何建构行动取向的"公共人"教育呢？

其一，在教育目的上，行动取向的"公共人"教育致力于"行动型"公民的培养。虽然它不排斥各种关于公民权利和义务知识的学习，但是它坚持认为这并不是"公共人"培育的终极目的，其终极目的在于引导学生真正学会过公共生活。在过公共生活的过程中，培养学生健全的公共意识，并克服退缩回避的"私民"习性；在过公共生活的过程中，在他们身上培养出现代"公共人"所需要的德性与能力，比如，勇敢、守法和忠诚、宽容和合作，尤其是辨明并尊重他人权利的能力、从事公共讨论（说理）的能力。

其二，在教育内容上，行动取向的"公共人"教育选择学生班级和学校生活中真实的公共性问题和事件。比如，"班委的选举""班级规则的制定""如何安全进行课间活动"等问题和事件，都可以成为学生公民教育的内容。换言之，行动取向的"公共人"教育要实现教育内容与学生真实公共生活的一体化。这是因为，来源于学生生活的真实公共性问题和事件，有利于调动学生参与的积极性，因为这是涉及他们切身利益的问题和事件，此外，选择这些问题和事件，还会直接对学生的生活产生影响，形成"公共人"的教育与学校公共生活的良性互动。

其三，在教育过程上，行动取向的"公共人"教育需要通过过公共生活来培养"公共人"。公共生活绝不是要等学生进入社会中才能过上的，班级和学校生活中就有很多可以让儿童过公共生活的机会。比如，班会就是一个很好的平台。"班会"本应该是"班级会议"的简称，换言之，它的目的在于全班的师生共同解决班级中的问题。如果老师可以不把班会当成一节课，而真正地作为班级会议，那么这对于"公共人"的培育而言将是非常有益的。再如，班委的选举、班规的制定、学校公共事务的参与，这些都是学生过公共生活的契机。如果学生能够实实在在地参与班级和学校的公共生活，并学着做一名"公共人"，那么当他们走向社会后，我们才能期望他们成为真正的"公共人"。相反，如果学校的"公共人"教育仅仅空谈权利和义务的知识，却没有真正给学生过公共生活的机会，那么不仅"公共人"的培育会落空，而且学校还相当于进行了"虚假"的"公共人"教育，因为这种"公共人"教育既没有真正尊重学生作为"公共人"的权利，也没有引导他们履行作为"公共人"的义务。

第四节 "校园是我家，文明靠大家"的德育逻辑与超越

在风险社会中，作为个体的人常常因为风险退缩到私人领域，更关注个人利益而缺乏公共精神，由群体所构成的社会机构也会因为风险更多关注圈中利益而忽视圈外利益。学校作为一个社会机构，也遭遇了这样的问题。比如，"校园是我家，文明靠大家"这类口号就在某种程度上反映了这一问题。对于这类口号，笔者曾以"校园是我家"为关键词在网上进行了搜索，共有相关网页 621000 个，常有这样一些搭配："校园是我家，美化靠大家"，"校园是我家，文明靠大家"，"校园是我家，和谐靠大家"，"校园是我家，安全靠大家"，等等。这类口号有怎样的局限，又该如何应对呢？

一、"校园是我家，文明靠大家"的人性依据："自爱"的伦理

"校园是我家，文明靠大家"这类口号的人性依据是"自爱"的伦理。所谓自爱就是获得人最基本的自然感受性的满足，即选择快乐和逃避痛苦。趋乐避苦就是自爱的人自然地对本己的幸福的追求。自爱不仅产生对个人感受性的幸福的渴望，而且产生野心、嫉妒心和人的一切其他的欲望。否定自爱，遏制欲望是毫无意义的，因为，人的自然本性是不可能消除的。因此，实践生活中的伦理不是去否定人的本性基础上的感受性，而

是在人的自然本性基础上去满足人的自爱的欲望，这就是自爱伦理。

自爱伦理认为，自爱的感情是人一切生活的基础。首先，人的肉体需要迫使人去从事生产活动。人们为了穿衣、为了打扮自己的妻子、为了使她得到快乐、为了养活自己的家属，总之为了享受与肉体需要的满足相联系的快乐，工匠和农夫才思想、想象和劳动。其次，人类建立社会，订立协定和法律，追名求利，也是自爱或肉体感受性的直接结果。人生来是软弱的，为了自身的生存，减少自己的恐惧，必须与他人联合起来。为了处理人与人之间的关系，人们彼此之间便订立了一些协定和法律。再次，人的各种感情也是自爱或肉体感受性的直接结果。感官的痛苦和快乐致使人们行动和思想，它们是推动精神界的唯一砝码。

把自爱作为生活的普遍原则，就必然地把利益作为个人追求道德的动力。"如果没有爱美德的利益，就决没有美德。"① 虽然个人利益也可能损害他人利益，但是，那是通过不正当的获取手段而实现个人利益，罪责不在于个人利益的存在，而在于人类社会的制度环境中存在着不公正和不完善的因素。因此，任何一个社会不能因为个人利益满足方式中存在可能的不道德，而否定个人利益的合法性。重要的是，要通过完善的法律和社会制度，阻止人们以不道德的方式追求个人利益，使人们为了自己的利益愿意成为有德性的人，并以德性作为获得个人利益的方式，以个人利益的实现为德性之目的。

当一个人爱自己时，就会关心自己的健康和精神的愉悦；当一个人爱自己的家庭时，就会主动关心自己家庭中的成员，希望他们健康、快乐；当一个人爱自己的学校时，就会主动维护学校的利益，主动关心同校的学生；当一个人爱自己的祖国时，就会维护祖国的利益。因此，我们不难看出，"校园是我家，文明靠大家"这句口号其实是利用了人类"自爱"的情感，通过把外在于自己的校园，变成自己的家，即变成自己的一部分，从而促进校园内道德行为的产生。

---

① 周辅成：《西方伦理学名著选辑》下卷，商务印书馆 1987 年版，第 60 页。

二、"校园是我家，文明靠大家"的德育逻辑："自我"的扩展

"校园是我家，文明靠大家"这句口号背后的德育逻辑是什么呢？即：一个人的自爱之情，通过怎样的方式可以转化成群体内的道德行为呢？答案就是"自我"的扩展。所谓"自我"的扩展就是指"'自我'把周遭环境中与他亲近的人或事物看作'我的'的过程。这是一个客体主体化的过程"①。卢梭曾说，"小孩子的第一个情感是爱他自己，而第一个情感产生出的第二个情感就是爱那些同他亲近的人"②。这也就是说，一个人的"自爱"是天生的，而爱其他人的情感则是从"自爱"发展出来的。李宗吾对这一原理做了一个精微的分析，他说："将母亲与己身比较，小儿更爱己身，故将母亲口中糕饼取出，放入自己口中。母亲是怀抱我、乳哺我的人，那母亲与哥哥比，母亲与我更接近，故更爱母亲。大点的时候，与哥哥朝夕一处玩耍，有时遇着邻人，觉得哥哥与我更接近，自然更爱哥哥。由此推之，走到异乡，就爱邻人；走到外省，就爱本省人；走到外国，就爱本国人。"③

为什么"自我"的扩展机制可以发生呢？因为随着个体生活空间的扩展，他需要丰富"小我"以形成"大我"。马克思曾说，社会性是人类的本性，涂尔干也说过社会这个东西存在于每个人身上。鲁洁在《道德教育的当代论域》一书中指出，人性并不是"单子式"的而是"世界历史"的，也就是说，在每个具体的个体的人性中都包含了整个世界、整个历史，我的存在依赖于世界上的每个人，我的存在依赖于历史文化的积累。这些论述表明，每个人身上都存在着扩展自我的潜在需求。精神分析流派从心理学视角证实了这点，他们认为，随着儿童年龄的增长，儿童进入学校，对父母的依恋会减弱，但是儿童会产生新的依恋对象。

---

① 刘次林：《幸福教育论》，人民教育出版社 2003 年版，第 150 页。

② ［法］卢梭：《爱弥儿·论教育》上卷，李平沤译，商务印书馆 1978 年版，第 290 页。

③ 李宗吾：《厚黑大全》，今日中国出版社 1996 年版，第 98 页。

因此，从人类的本性来讲，"自我"的扩展的过程也就是一个人实现自我的过程。

在从"小我"到"大我"扩展的过程中有一个非常关键的因素，这就是归属感。为什么这么说呢？其理由有二：其一，我们从儿童早期对母亲的依恋来看，孩子依恋母亲，是因为他自身是无力应付这个陌生的世界，他需要母亲的保护，而母亲的保护又可以使他获得安全感，因此，他和母亲在一起的时候，就有了一种强烈的归属感，对于孩子而言，母亲就是他自己，他的需要的满足离不开母亲。也就是说，孩子会依恋母亲是因为母亲认可他、接受他，并能满足他的需要。如果一个母亲对自己孩子的需要不关注，饿了不喂奶，冷了不给他保暖，害怕了也不给他提供安全感，那么孩子对母亲的那种天生的依恋就会逐渐淡去，而转向可以满足他需要的人。同样，我们可以把孩子的这种天性推理到大人身上，一个人对某个社会群体产生强烈依恋是因为，这个群体本身接受他，并能满足他的需要，在这个群体中他有强烈的归属感，所以他才会依恋这个群体。例如，雷锋在他的 118 篇日记中，竟有 19 篇之多的日记反复表白，他之所以要无私地自我牺牲，只是因为他的个人幸福、个人利益、他的个人的一切都是党和人民给予的。人是不会为抽象的社会奉献自己的，雷锋不为他国异党作牺牲，咬牙切齿恨"旧社会"，满腔热忱爱"新社会"……雷锋为什么会爱"新社会"而恨"旧社会"呢？这是因为，新社会满足了他的需要，使他产生了强烈的归属感，正是这种归属感，才使他强烈地爱党爱人民，同样，"旧社会"不接受他，他也不能从中获得归属感，那他怎么可能爱它呢![1] 其二，归属与爱的需要是产生群体依恋的先天基础。马斯洛论述过人有五种需要，即生理需要、安全需要、归属和爱的需要、自尊需要以及自我实现需要。其中归属与爱的需要是指"同人们有一种充满深情的关系，渴望在他的团体和家庭中有一个位置"[2] 的需要。正是人

---

① 刘次林：《幸福教育论》，人民教育出版社 2003 年版，第 160 页。

② ［美］埃·弗洛姆：《为自己的人》，孙依依译，生活·读书·新知三联书店 1988 年版，第 49 页。

有了这种对社会群体建立关系，成为其中一员的需要，才会使人发展出对社会群体的依恋，最终使得"小我"扩展成"大我"。

综上所述，我们可以把"校园是我家，文明靠大家"这句口号背后的德育逻辑概括为：从人的"自爱"之情出发，通过扩展"自我"的方式，在不断地把"小我"变成"大我"的过程中，并产生对社会群体的归属感，这种归属感的积累就会使人对这个群体产生依恋，从而促使人在这个群体内践行道德，具体如下图所示。

三、"校园是我家，文明靠大家"的局限性：忽视"家"外利益

把校园当成我的家，也就是通过扩展"自我"的方式，建立我与校园的关系。如果校园成了我家，那么校园中的人和物都是"我"的，那么我自然有义务和责任去尊敬老师、关心同学、爱护校园的一草一木。这样的口号不仅在学校中有，在我们的社会中也有，如果某个城市要创建文明城市、卫生城市，也会在大街小巷张贴"××是我家，文明靠大家""××是我家，卫生靠大家"的标语，以建立每个人与城市的关系。中国传统文化中就有"家天下"的思想，因此这种做法能够在国内发挥巨大的作用。

但是，这样的德育逻辑是否存在局限性呢？答案显然是肯定的。因为这样的德育逻辑，虽然保证了"家"内的道德，却无法保证"家"外的道德。其理由有三：其一，该德育逻辑蕴含了两条不同的道德原则，即家内原则和家外原则。家内原则告诉你，在家内你应该道德，而"家"外原则告诉你，在"家"外你道德与否无关紧要。仅从学校的范围来看，道德状况可能会得到某些改观，但从更大的范围来看，道德状况可能不会得到改观，甚至还会产生相反的效果。其二，随着家的范围越来越大，此德育逻辑的效果也会逐渐消退。这是因为，随着家的范围的扩大，维持这个"家"的情感力量就会逐渐减弱，所以我们会感觉爱自己的家比爱自己的家乡容易，爱自己的家乡又比爱自己的祖国容易。其三，当大多数人认同了这个"家"之后，就可能为了"自家"的利益而去损害"家"外之人的利益。这是因为当一个"家"形成之后，它的道德逻辑就不完全等同于个人的道德逻辑。尼布尔在《道德的人与不道德的社会》一书中明确指出，群体逻辑与个体逻辑的不同就在于群体只具有自私性，而且这种自私性常是建立在损害其他群体利益的基础上的，它不同于个人的"自爱"。

四、"校园是我家，文明靠大家"的超越：考虑个体道德发展水平

虽然这样的德育逻辑有其局限性，但是在儿童道德发展某些阶段却是非常有效的。杜威曾假定道德发展有三个水平，即前道德水平、习俗水平、自律水平。习俗水平，其特点是"个体几乎毫无批判地接受其团体的标准"①。柯尔伯格在综合前人研究的基础上，系统地阐述了道德发展的阶段理论，他把个体道德的发展分成三水平六阶段。在第二水平，即习俗水平，个体把满足其家庭、团体或民族的期望看作是本身就有价值，而不管这样做的直接可见的后果是怎样的。其态度不只是遵从人们的期望和社会秩序，而且对之表示忠诚，并积极加以维护、支持。②

这些心理学的研究都向我们表明，处于第二水平的儿童是从群体（家庭、团体或民族）的期望来判断道德的价值的。这也就是说，儿童已经开始意识到自己是某个群体的一员了，他们已经对所处的群体产生了积极的定向。因此，处在这个阶段的儿童，心理上特别容易接受"校园是我家，文明靠大家"这样的德育逻辑。我们认为，教育者应该顺应儿童

---

① ［美］柯尔伯格：《道德教育的哲学》，魏贤超、柯森等译，浙江教育出版社2000年版，第279页。

② ［美］柯尔伯格：《道德教育的哲学》，魏贤超、柯森等译，浙江教育出版社2000年版，第281页。

道德心理发展的特点，采用相应的教育方式，但是教育者同时也要清醒地认识到这样做的局限，随着儿童道德心理发展到或者将要发展到新的水平或者阶段，就要超越这样的德育逻辑。

参考文献

学术译著

〔美〕A. 麦金太尔:《德性之后》, 龚群等译, 中国社会科学出版社 1995 年版。

〔美〕E. 弗洛姆:《健全的社会》, 孙恺祥译, 贵州人民出版社 1994 年版。

〔德〕O. F. 博尔诺夫:《教育人类学》, 李其龙等译, 华东师范大学出版社 1999 年版。

〔美〕Phil Erwin:《成长的秘密——儿童到青少年期的友谊发展》, 黄牧仁译, 江苏教育出版社 2010 年版。

〔英〕W. C. 丹皮尔:《科学史》, 李珩译, 中国人民大学出版社 2010 年版。

〔法〕阿尔贝·雅卡尔:《科学的灾难? 一个遗传学家的困惑》, 阎雪梅译, 广西师范大学出版社 2004 年版。

〔德〕阿克赛尔·霍耐特:《为承认而斗争》, 胡继华译, 上海人民出版社 2005 年版。

〔英〕阿兰·德波顿:《身份的焦虑》, 陈广兴等译, 上海译文出版社 2009 年版。

〔美〕阿尔文·托夫勒:《未来的冲击》, 蔡伸章译, 中信出版社 2006 年版。

〔美〕阿尔温·托夫勒:《第三次浪潮》, 朱志焱等译, 生活·读书·新知三联书店 1984 年版。

〔美〕爱默生:《论自然·美国学者》, 赵一凡译, 生活·读书·新知三联书店 2015 年版。

〔英〕安东尼·吉登斯:《失控的世界》, 周红云译, 江西人民出版社 2001 年版。

〔英〕芭芭拉·亚当等编著:《风险社会及其超越: 社会理论的关键议题》, 赵延东等译, 北京出版社 2005 年版。

［美］巴格莱：《教育与新人》，袁桂林译，人民教育出版社 2005 年版。

［英］巴里·巴恩斯：《局外人看科学》，鲁旭东译，东方出版社 2001 年版。

［美］保罗·纽曼：《恐怖：起源、发展和演变》，赵康等译，上海人民出版社 2005 年版。

［法］保罗·里克尔：《恶的象征》，公车译，上海人民出版社 2003 年版。

［英］伯兰特·罗素：《教育与美好生活》，杨汉麟译，河北人民出版社 1999 年版。

［美］尼尔·波兹曼：《娱乐至死·童年的消逝》，章艳等译，广西师范大学出版社 2009 年版。

［美］段义孚：《无边的恐惧》，徐文宁译，北京大学出版社 2011 年版。

［美］埃里希·弗洛姆：《逃避自由》，陈学明译，工人出版社 1987 年版。

［爱尔兰］弗兰克·M. 弗拉纳根：《最伟大的教育家：从苏格拉底到杜威》，卢立涛、安传达译，华东师范大学出版社 2009 年版。

［英］弗兰克·富里迪：《恐惧》，方军等译，江苏人民出版社 2004 年版。

［德］弗里德里希·包尔生：《伦理学体系》，何怀宏等译，中国社会科学出版社 1988 年版。

［德］弗里德里希·尼采：《论我们教育机构的未来》，周国平译，译林出版社 2012 年版。

［美］汉娜·阿伦特：《人的境况》，王寅丽译，上海人民出版社 2009 年版。

［美］汉娜·阿伦特：《过去与未来之间》，王寅丽等译，译林出版社 2011 年版。

［瑞士］汉斯·昆：《世界伦理构想》，周艺译，生活·读书·新知三联书店 2002 年版。

［德］汉斯·约纳斯：《技术、医学与伦理学——责任原理的实践》，张荣译，上海译文出版社 2008 年版。

［美］华勒斯坦等：《学科·知识·权力》，刘健芝等编译，生活·读书·新知三联书店 1999 年版。

［英］赫·斯宾塞：《斯宾塞教育论著选》，胡毅等译，人民教育出版社 2005 年版。

［德］卡尔·雅斯贝斯：《时代的精神状况》，王德峰译，上海译文出版社 2008 年版。

〔美〕卡伦·荷妮:《我们时代的病态人格》,陈收译,国际文化出版公司2000年版。

〔俄〕康·德·乌申斯基:《人是教育的对象——教育人类学初探》(下卷),张佩珍等译,人民教育出版社1989年版。

〔印度〕克里希那穆提:《恐惧的由来》,凯锋译,学林出版社2007年版。

〔美〕柯瑞·罗宾:《我们心底的"怕":一种政治观念史》,叶安宁译,复旦大学出版社2007年版。

〔捷克〕夸美纽斯:《大教学论》,傅任敢译,教育科学出版社1999年版。

〔挪威〕拉斯·史文德森:《恐惧的哲学》,范晶晶译,北京大学出版社2010年版。

〔挪威〕拉斯·史文德森:《无聊的哲学》,范晶晶译,北京大学出版社2010年版。

〔美〕理查德·洛夫:《林间最后的小孩——拯救自然缺失症儿童》(增订新版),"自然之友"等译,中国发展出版社2014年版。

联合国教科文组织国际教育发展委员会编著:《学会生存——教育世界的今天和明天》,华东师范大学比较教育研究所译,教育科学出版社1996年版。

《教育——财富蕴藏其中》,联合国教科文组织总部中文科译,教育科学出版社1996年版。

〔美〕列奥·施特劳斯:《古今自由主义》,马志娟译,江苏人民出版社2012年版。

〔美〕罗洛·梅:《焦虑的意义》,朱侃如译,广西师范大学出版社2010年版。

〔英〕罗素:《罗素论教育》,杨汉麟译,人民教育出版社2009年版。

〔德〕马丁·海德格尔:《存在与时间》,陈嘉映、王庆节合译,生活·读书·新知三联书店2006年版。

〔加〕马克斯·范梅南、〔荷〕巴斯·莱维林:《儿童的秘密——秘密、隐私和自我的重新认识》,陈慧黠等译,教育科学出版社2004年版。

〔德〕马克斯·韦伯:《学术与政治》,冯克利译,生活·读书·新知三联书店2005年版。

〔意〕玛丽亚·蒙台梭利:《童年的秘密》,马荣根译,人民教育出版社2005年版。

〔美〕玛莎·努斯鲍姆：《告别功利：人文教育忧思录》，肖聿译，新华出版社 2010 年版。

〔美〕玛莎·纳斯鲍姆：《培养人性：从古典学角度为通识教育改革辩护》，李艳译，上海三联书店 2013 年版。

〔美〕南茜·弗雷泽、〔德〕阿克塞尔·霍耐特：《再分配，还是承认？——一个政治哲学对话》，周穗明译，上海人民出版社 2009 年版。

〔英〕齐格蒙·鲍曼：《寻找政治》，洪涛等，上海人民出版社 2006 年版。

〔英〕齐格蒙·鲍曼：《后现代性及其缺憾》，郇建立等译，学林出版社 2002 年版。

〔英〕齐格蒙·鲍曼：《现代性与大屠杀》，杨渝东等译，译林出版社 2002 年。

〔英〕齐格蒙特·鲍曼：《流动的现代性》，欧阳景根译，上海三联书店 2002 年版。

〔英〕齐格蒙特·鲍曼：《被围困的社会》，郇建立译，江苏人民出版社 2005 年版。

〔英〕齐格蒙特·鲍曼《后现代伦理学》，张成岗译，江苏人民出版社 2003 年版。

〔英〕齐格蒙·鲍曼：《生活在碎片之中——论后现代道德》，郇建兴等译，学林出版社 2002 年版。

〔英〕齐格蒙特·鲍曼：《现代性与矛盾性》，邵迎生译，商务印书馆 2013 年版。

〔英〕齐格蒙特·鲍曼：《废弃的生命》，谷蕾等译，江苏人民出版社 2006 年版。

〔美〕乔治·里茨尔：《社会的麦当劳化——对变化中的当代社会生活特征的研究》，顾建光译，上海译文出版社 1999 年版。

〔法〕让·鲍德里亚：《消费社会》，刘成富、全志钢译，南京大学出版社 2008 年版。

〔英〕斯图亚特·沃尔顿：《人性：情绪的历史》，王锦等译，上海科学普及出版社 2007 年版。

〔德〕孙志文：《现代人的焦虑和希望》，陈永禹译，生活·读书·新知三联书店 1994 年版。

〔加〕威廉·莱斯：《自然的控制》，岳长龄等译，重庆出版社 1993 年版。

〔德〕乌尔里希·贝克、伊丽莎白·贝克—格恩斯海姆：《个体化》，李荣山等译，北京大学出版社 2011 年版。

　　［德］乌尔里希·贝克：《风险社会》，何博闻译，译林出版社 2004 年版。

　　［古希腊］亚里士多德：《尼各马可伦理学》，廖申白译注，商务印书馆 2003
年版。

　　［古希腊］亚里士多德：《修辞术·亚历山大修辞学·论诗》，颜一等译，中国人
民大学出版社 2003 年版。

　　［古希腊］亚里士多德：《政治学》，颜一等译，中国人民大学出版社 2003 年版。

　　阎云翔：《中国社会的个体化》，陆洋等译，上海译文出版社 2012 年版。

　　［俄］尤里·谢尔巴特赫：《恐惧感与恐惧心理》，刘文华等译，华文出版社 2008
年版。

　　［美］约翰·S. 布鲁巴克：《教育问题史》，单中惠等译，山东教育出版社 2012
年版。

　　［美］约翰·杜威：《民主主义与教育》，林宝山译，（台北）五南图书出版公司
1978 年版。

　　［美］约翰·杜威：《学校与社会·明日之学校》，赵祥麟等译，人民教育出版社
1994 年版。

　　［美］约翰·杜威：《民主主义与教育》，王承绪译，人民教育出版社 2001 年版。

　　［美］约翰·杜威：《确定性的寻求：关于知行关系的研究》，傅统先译，上海人
民出版社 2004 年版。

　　［英］约翰·洛克：《教育漫话》，傅任敢译，教育科学出版社 1999 年版。

　　［日］佐藤学：《学习的快乐——走向对话》，钟启泉译，教育科学出版社 2004
年版。

　　［法］卢梭：《爱弥儿·论教育》上卷，李平沤译，商务印书馆 1978 年版。

　　［美］柯尔伯格：《道德教育的哲学》，魏贤超、柯森等译，浙江教育出版社 2000
年版。

中文著作

　　曹永国：《自我与现代性的教育危机》，福建教育出版社 2010 年版。

　　崔德华：《风险社会视阈下大学生风险防范意识教育问题研究》，山东大学出版社
2014 年版。

丁烈云等：《中国转型期的社会风险及公共危机管理研究》，经济科学出版社2012年版。

冯建军：《差异与共生：多元文化下学生生活方式与价值观教育》，四川教育出版社2010年版。

甘绍平：《应用伦理学前沿问题研究》，江西人民出版社2002年版。

高德胜：《道德教育的20个细节》，华东师范大学出版社2007年版。

高德胜：《道德教育的时代遭遇》，教育科学出版社2008年版。

高德胜：《知性德育及其超越——现代德育困境研究》，教育科学出版社2003年版。

刘次林：《幸福教育论》，人民教育出版社2003年版。

郭洪水：《当代风险社会：基于哲学存在论与复杂系统论的研究》，中国社会科学出版社2015年版。

何跃军：《风险社会立法机制研究》，中国社会科学出版社2013年版。

黄瑜：《他者的境域——列维纳斯伦理形而上学研究》，中国社会科学出版社2014年版。

金生鈜：《规训与教化》，教育科学出版社2004年版。

蒯正明：《资本、现代性与风险社会》，厦门大学出版社2016年版。

劳东燕：《风险社会中的刑法：社会转型与刑法理论的变迁》，北京大学出版社2015年版。

李佑新：《走出现代性道德困境》，人民出版社2006年版。

林丹：《乌尔里希·贝克风险社会理论及其对中国的影响》，人民出版社2013年版。

林泽炎：《中国进入风险社会了吗——围绕城乡统筹的人本思考》，中华工商联合出版社2013年版。

刘小枫：《沉重的肉身》，华夏出版社2006年版。

刘晓东：《解放儿童》（第二版），江苏教育出版社2008年版。

鲁洁：《道德教育的当代论域》，人民出版社2005年版。

罗晓颖选编：《菜园哲人伊壁鸠鲁》，罗晓颖等译，华夏出版社2010年版。

孟昭兰主编：《情绪心理学》，北京大学出版社2005年版。

钱亚梅：《风险社会的责任分配初探》，复旦大学出版社2014年版。

上海市教育评估院组编，夏人青等著：《学校教育社会风险评估概论》，高等教育出版社 2013 年版。

素质教育调研组编著：《共同的关注——素质教育系统调研》，教育科学出版社 2006 年版。

孙彩平：《道德教育的伦理谱系》，人民出版社 2005 年版。

孙壮珍：《风险治理与和谐社会构建：风险感知视角下科技决策面临的挑战及优化研究》，中国社会科学出版社 2017 年版。

唐钧主编：《社会风险评估蓝皮书：风险评估与危机预警报告（2015—2016）》，社会科学文献出版社 2016 年版。

田永胜：《风险社会视角下的中国食品安全：以动物性食品为例》，社会科学文献出版社 2014 年版。

陶建钟：《社会秩序的生成与建构——风险社会视野下的一种政治学考察》，浙江工商大学出版社 2014 年版。

王丽：《全球风险社会下的公共危机治理：一种文化视阈的阐释》，社会科学文献出版社 2014 年版。

王寅丽：《汉娜·阿伦特：在哲学与政治之间》，上海人民出版社 2008 年版。

魏传光：《风险社会中人的发展研究》，中国社会科学出版社 2015 年版。

吴玉军：《非确定性与现代人的生存》，人民出版社 2011 年版。

谢建社：《风险社会视野下的农民工融入性教育》，社会科学文献出版社 2009 年版。

杨海：《风险社会：批判与超越》，人民出版社 2017 年版。

杨慧民：《科技人员的道德想象力研究——技术责任伦理的实践路径探析》，人民出版社 2014 年版。

姚亮：《转型期中国民主化进程中的社会风险》，社会科学文献出版社 2013 年版。

岳红强：《风险社会视域下危险责任制度研究》，法律出版社 2016 年版。

曾繁旭、戴佳：《风险传播：通往社会信任之路》，清华大学出版社 2015 年版。

张乐：《风险的社会动力机制——基于中国经验的实证研究》，社会科学文献出版社 2012 年版。

张燕：《风险社会与网络传播》，社会科学文献出版社 2014 年版。

张治库：《风险社会与人的发展》，人民出版社 2015 年版。

郑富兴：《责任与对话——学校道德教育的现代性思考》，中国社会科学出版社2011年版。

周敏：《阐释·流动·想象：风险社会下的信息流动与传播管理》，北京大学出版社2014年版。

竹立家：《直面风险社会：中国改革形势与走向》，电子工业出版社2013年版。

朱立立、刘小新：《宽容话语与承认的政治——中国现当代文论中的宽容论述及其相关问题》，江苏大学出版社2009年版。

学术论文

陈建洪：《论霍布斯的恐惧概念》，《世界哲学》2012年第5期。

陈良斌：《后传统背景下的共同体重建——兼论霍耐特承认政治学的理论意蕴与现实意义》，《学海》2009年第3期。

陈世平：《儿童对秘密的理解与友谊关系的发展》，《心理科学》1997年第6期。

陈振中：《论教育的身份赋予》，《华东师范大学学报》（教育科学版）2004年第4期。

方秋明：《欧文·拉兹洛的责任伦理学实践》，《兰州学刊》2003年第5期。

高德胜：《生命·休闲·教育——兼论教育对休闲的排斥》，《高等教育研究》2006年第5期。

高德胜：《道德冷漠与道德教育》，《教育学报》2009年第3期。

高德胜：《学校教育与恐惧制造》，《教育研究与实验》2010年第1期。

高德胜：《教育：从一端到中道》，《高等教育研究》2015年第10期。

高德胜：《"文明的勇敢"与教育的勇气》，《全球教育展望》2012年第1期。

蒋凯：《为竞争而训练——过度教育竞争的根源与后果》，《教育发展研究》2009年第Z1期。

蒋开君：《教育的内在时间意识——儿童秘密的教育意义》，《教育理论与实践》2014年第4期。

金生鈜：《承认的形式以及教育意义》，《教育研究》2007年第9期。

孔新峰：《霍布斯论恐惧：由自然之人走向公民》，《政治思想史》2011年第1期。

刘科：《汉斯·约纳斯的技术恐惧观及其现代启示》，《河南师范大学学报》（哲学社会科学版）2011 年第 2 期。

马冠生等：《我国城市儿童少年看电视时间的研究》，《中国健康教育》2002 年第 7 期。

王大伟：《让秘密伴随儿童成长》，《基础教育研究》2013 年第 14 期。

王凤才：《论霍耐特的承认关系结构说》，《哲学研究》2008 年第 3 期。

王海英：《解读儿童的秘密——基于社会学的分析视角》，《教育研究与实验》2005 年第 1 期。

夏玉珍、吴娅丹：《中国正进入风险社会时代》，《甘肃社会科学》2007 年第 1 期。

熊丙奇：《当今教育已全盘"竞技化"》，《同舟共进》2009 年第 6 期。

张旭：《技术时代的责任伦理学：论汉斯·约纳斯》，《中国人民大学学报》2003 年第 2 期。

阎光才：《关于教育评价及其风险》，《教育科学研究》2010 年第 4 期。

郑富兴：《个体化社会的道德教育问题》，《华东师范大学学报》（教育科学版）2011 年第 4 期。

郑永年、黄彦杰：《风险时代的中国社会》，《文化纵横》2012 年第 5 期。

周晓静、陈秀君：《没有秘密长不大》，《思想理论教育》2006 年第 2 期。

外文文献

林曾：*Embedded Liberal Education in a Risk Society：Exploring the Relationship between Education and Work*，武汉大学出版社 2015 年版。

Barbara Adam，*Ulrich Beck，Joost Van Loon，The Risk Society and Beyond-Critical Issues for Social Theory*，London & Thousand Oaks & New Delhi：SAGE Publications Ltd.，2000.

Barbara Hudson，*Justice in the Risk Society-Challenging and Reaffirming "Justice" in Late Modernity*，London & Thousand Oaks & New Delhi：SAGE Publications Ltd.，2003.

Bilal M. Ayyub，*Vulnerability：Uncertainty，and Risk-Analysis，Modeling，and Management*，Virginia：ASCE，2011.

Charles D. Spielberger，*Anxiety：Current Trends in Theory and Research*，New York & London：Academic Press，1972.

David Denney，*Risk and Society*，London & Thousand & Oaks & New Delhi：SAGE

Publications Ltd., 2005.

Gabriele Bammer, Michael Smithson, *Uncertainty and Risk – Multidisciplinary Perspectives*, London & Sterling: Earthscan Publications Ltd., 2008.

Hans Jonas, *The Imperative of Responsibility–In Search of an Ethics for the Technological Age*, Chicago & London: The University of Chicago Press, 1984.

Helga A. H. Rowe, *Help Yourself Move Out of Depression and Anxiety*, Melbourne: Australian Council for Educational Research, 2001.

Iain Wilkinson, *Anxiety in a "Risk" Society*, London & New York: Routledge, 2001.

Jane Franklin, *The Politics of Risk Society*, Cambridge: Polity Press, 1998.

Jeffrey P. Kahn, *Angst – Origins of Anxiety and Depression*, New York: Oxford University Press, 2012.

Lotte Asveld, Sabine Roeser, *The Ethics of Technological Risk*, London & Sterling: Earthscan Publications Ltd., 2008.

Peter Dwyer, *Youth, Education and Risk – Facing the Future*, London & New York: Routledge Falmer, 2001.

Robert Firestone, Joyce Catlett, *Beyond Death Anxiety: Achieving Life–Affirming Death Awareness*, New York: Springer Publishing Company, 2009.

Robert J. Starr, *Building An Ethical School–A Practical Response to the Moral Crisis In Schools*, London & New York: Falmer Press, 1994.

Steven Bialostok, Robert L. Whitman, William S. Bradley, *Education and the Risk Society – Theories, Discourse and Risk Identities in Education Contexts*, Rotterdam: Sense Publishers, 2012.

Steve Rayner, *The Social and Cultural Construction of Risk: Essays on Risk Selection and Perception*, Dordrecht: D. Reidel Publishing Company, 1987.

Thomas J. Huberty, *Anxiety and Depression in Children and Adolescents – Assessment, Intervention, and Prevention*, New York: Springer, 2012.

Tim Gill, *No Fear–Growing Up in a Risk–Averse Society*, London: Calouste Gulbenkian Foundation, 2007.

Ulrich Beck: *Risk Society – Towards a New Modernity*, London: SAGE Publications Ltd., 1992.

其他文献

郝相钦：《社会变革的道德透视——霍耐特承认理论的深层解读》，北京师范大学博士学位论文，2008 年。

周易：《12.4%孩子具有"自然缺失症"倾向》，《中国青年报》2013 年 5 月 16 日。

刘羊旸：《中国城市人均公园绿地面积 12.64 平方米》，2015 年 3 月 11 日，见 http://news.xinhuanet.com/politics/2015-03/11/c_1114607169.htm。

周全：《学校恐惧论》，华东师范大学博士学位论文，2013 年。

后　记

　　《风险社会的道德教育》一书对于我个人的成长而言，意义非常重大。此书的出版获得了国家社会科学基金教育学青年项目的资助，也获得了江苏高校优势学科建设工程项目的资助。

　　风险社会的教育是我在攻读教育学博士学位期间就开始关注的问题，之所以会关注这个话题是因为我感受到了现在孩子的恐惧、焦虑情绪，所以当时我以"现代教育与恐惧"作为博士学位论文的选题，并认真思考了教育与恐惧的应然关系，揭示了现代教育中恐惧的产生机制、后果及其社会根源，探明了现代教育化解恐惧的出路，最终该论文被评为江苏省"优秀博士学位论文"，这也算是对这项研究的一种肯定。在博士论文的研究中，我还发现学校教育中的恐惧、焦虑情绪也和风险社会有着密切的关系，它是风险社会中的种种不确定因素在学校教育中的投射。于是，在博士毕业并留在南京师范大学工作后，我以"风险社会的道德教育"为选题申报了国家社会科学基金教育学青年课题，一方面是想继续思考风险社会与教育的关系，另一方面也是想让我的研究能更好地体现我的专业特点，聚焦于道德教育的研究。

　　客观地说，本书的写作与博士论文写作相比还是比较轻松的。一是因为在攻读博士学位期间已经积累了大量有关风险社会中伦理道德问题的文献资料，并形成了一些初步研究结论。二是因为本书没有采用博士论文的写作方法，并未刻意地去追求论文结构的严密性，而是以主题的形式，凸显了风险社会中几个重要的教育问题，这使得本书的写作摆脱了形式上的束缚。

从攻读教育学博士学位开始，导师高德胜教授就对我的学习、生活和工作操心不已，在我刚刚进入博士二年级的时候，老师就开始操心我留校的事宜，在工作之后，老师又开始操心我在教学和科研方面的发展。对于这项研究而言，从课题的申报到课题的研究，从课题的结题再到书稿的出版，无不倾注了老师大量的精力。对于老师的感激不是一两句话就能言尽的，但在这儿也只能用只言片语来表达我的这份感激之情。除了感激之情，对于老师我一直都还有一份崇敬之心，因为老师对于学术的热爱和真诚，在学术研究中所展现的天赋和用功，都是引领我在学术道路上不断前进的光。

我的硕士生导师刘次林教授也对本书的写作给予了支持，书中"在'伦理'与'道德'之间：风险社会中道德教育的应然选择"一章就得到了刘老师的提点。当时由于过分地沉浸于鲍曼和列维纳斯的书中，只看到了"道德"对于风险社会中道德教育的意义，却忽视了"伦理"对于风险社会中道德教育的意义，刘老师提醒我，人在生活中不可能事事都要进行道德的选择，这样人也活得太累了，因此"伦理"的意义也就凸显出来，它可以让人暂时摆脱道德选择的焦虑。

众多的"高徒"，也要感谢你们，因为在毕业留校后我不仅要承担教学工作和科研工作，还要承担大量的秘书工作，但正是因为你们无私的帮助，才让我能够兼顾好各项工作。

人民出版社的陈晓燕老师为本书的出版提供了大量的帮助，面对各种问题，她总能给予耐心而细致的指导，让我省去了大量无用的劳动。

最后要感谢的是我的岳母倪爱兰女士和夫人范燕燕老师，没有她们的理解和支持，家庭生活中的各种琐事，一定会让我无法安心思考这些脱离"人间"的学术问题。当然，也要感谢我的宝贝儿子兜兜，因为他的成长经历也是我的成长经历，很多教育话题的思考都是源于他所遭

遇的现实问题，因此，我越来越相信，对于教育研究而言，"奶爸"和
"学霸"应该是融为一体的。当然，随着他年龄的增长，他也知道爸爸
在工作时，是不能随便去打扰的，这也给我提供了一个安静的工作
环境。

章 乐

于南京师范大学紫金校区图书馆

2019 年 2 月

责任编辑:陈晓燕

封面设计:石笑梦

图书在版编目(CIP)数据

风险社会的道德教育/章乐 著. —北京:人民出版社,2019.11(2021.6 重印)

ISBN 978－7－01－021007－0

Ⅰ.①风… Ⅱ.①章… Ⅲ.①德育-研究-中国 Ⅳ.①G41

中国版本图书馆 CIP 数据核字(2019)第 130913 号

风险社会的道德教育

FENGXIAN SHEHUI DE DAODE JIAOYU

章 乐 著

人民出版社 出版发行

(100706 北京市东城区隆福寺街 99 号)

天津文林印务有限公司印刷 新华书店经销

2019 年 11 月第 1 版 2021 年 6 月北京第 2 次印刷

开本:710 毫米×1000 毫米 1/16 印张:12.25

字数:183 千字

ISBN 978－7－01－021007－0 定价:36.00 元

邮购地址 100706 北京市东城区隆福寺街 99 号

人民东方图书销售中心 电话 (010)65250042 65289539